한국인들의
이상한 행복

기쁨과 즐거움을
잃어버린 사람들의
불편한 진실

한국인들의 　이상한 행복

안톤 숄츠 지음

🙂 문학수첩

CONTENTS

행복을 꿈꾸는 한국 사람들에게 건네는
달콤쌉싸름한 연애편지

행복이란 무엇일까?

'우리는 어디에서 왔는가?', '우리는 결국 어디로 가는가?'처럼 모호하고, 조금은 진부한 질문처럼 느껴지는가? 하지만 나에겐 지금 현재를 살아가는 데 가장 필요한 물음처럼 느껴진다.

사람들은 모두 어떤 방식으로든 행복을 갈망한다. 오랫동안 내 마음에 자리 잡은 행복에 관한 짧은 글이 있다.

"내가 다섯 살이 됐을 무렵, 어머니는 늘 행복이 삶의 열쇠라고 말씀하시곤 했다. 학교에 들어가자 나는 크면 뭐가 되고 싶냐는 질문을 받았다. 나는 '행복한 사람'이 되고 싶다고 했다. 나는 질문을 제대로 이해하지 못했다는 말을 들었다. 그래서 나는 (그럼) 당신이 인생을 이해 못 한 거라고 얘기해 주었다."[1]

이 단순한 이야기 속에 중요한 사실이 하나 들어 있다. 인생은 행복과 떼려야 뗄 수 없는 관계에 있고, 모든 사람이 원하는 것 역시 행복이라는 사실이다. 따라서 '행복이란 무엇인가'의 구체적인 질문은 '진정한 행복은 무엇'이며 '우리는 어떻게 그것을 얻을 수 있는가'가 될 것이다.

사람들은 아마 이 질문에 저마다 다른 답들을 내놓을 것이다. 나 자신도 처음에는 행복을 찾아 한국에 왔다고 말할 수 있다. 어렸을 때 나는 독일의 또래 친구들과 달리 술을 마시지도, 여자들 뒤꽁무니를 쫓아다니지도 않았다. 대신 스카이다이빙이나 암벽등반, 태권도 같은 무술에 이르기까지 다양한 익스트림 스포츠를 즐겼다. 아드레날린을 발산하며 삶의 의미를 찾는 방법에 나름대로 깊이 빠져 있던 시기였다.

다소 괴짜처럼 행복을 쫓다 보니 나는 도교, 불교 그리고 선의 영역까지 발을 들여놓게 되었다. 함부르크의 태권도 도장에서 수련하고 있던 나는 어느 날 독일을 방문한 한국의 스님 한 분을 만났고, 그분의 도움을 받아 선 사상을 공부하게 되면서 삶의 진

---

1 세계적인 록밴드 '비틀스'의 멤버였던 존 레넌(John Lennon. 1940~1980)은 어린 시절. 학교에서 교사에게 커서 어떤 사람이 되고 싶냐는 질문을 받았다. 의사. 예술가. 운동선수 등 특정 직업을 대답하는 아이들과 다른 대답을 내놓았다는 그의 일화는 지금도 사람들 사이에 회자되고 있다.

실을 찾는 여정을 시작했다. 그리고 마침내 더 깊은 행복을 찾아 이곳, 한국까지 오게 되었다.

그렇게 해서 나는 행복을 찾았을까? 어떤 면에서는 그렇다. 이토록 오랜 시간이 흐른 지금까지 여전히 한국에 머물러 있다는 것이 증거일 수도 있다. 하지만 나는 행복이 언제까지나 변하지 않는 고정불변의 것이 아니라는 사실을 안다. 행복은 변화하기 쉽다. 때문에 행복에 대한 탐구는 매일 새롭게 시작해야 한다.

한국에서 20년 이상 살며 나름 행복한 삶을 발견한 나는 자신은 행복하지 않다고 생각하는 사람이 이 나라에 왜 이리도 많은지 궁금했다. 한국은 OECD 국가들의 연간 행복지수 순위에서 거의 최하위를 기록하고 자살률은 늘 상위를 차지한다.[2] 자연스레 다음과 같은 의문이 생긴다. 내가 살고 있는 이곳, 한국에서 사람들이 이토록 힘들고 불행하게 살고 있다니, 행복을 찾아 이 나라로 온 나는 그동안 엄청난 착각을 했던 것일까?

세계의 수많은 나라들은 한 세대만의 순전한 의지와 고된 노동으로 가장 가난한 나라에서 강대국으로 부상한 대한민국의 엄

---

[2] 2021년 기준, 2018~2020년 3년 평균 '국가 행복지수'를 보면 한국은 OECD 37개 회원국 중 35위이다. 또한 2021년 OECD 자료에 따르면 OECD 표준인구 10만 명을 기준으로 볼 때, 1일 평균 자살 사망자 수는 OECD 평균 10.9명인 반면, 한국은 23.5명으로 가장 높은 수치를 기록했다.

청난 성공 신화에 주목하고 있다. 이 같은 성공 신화는 많은 개발 도상국들이 꿈꾸는 롤 모델이다. 그러나 한국 사람들, 특히 젊은 세대들은 왜 유달리 불만족스럽고 희망을 잃은 것처럼 보이는가? 왜 세계에서 가장 출생률이 저조한 나라가 되었을까?

독일에는 이런 속담이 있다.

"반짝이는 모든 것이 금은 아니다.Es ist nicht alles Gold, was glänzt!"

완벽해 보이는 한국이란 나라의 겉모습에 뭔가 잘못된 것이 숨어 있을까? 흠 하나 없이 완벽한 K-Pop 아이돌, 뛰어난 첨단 기술 그리고 빛나는 경제적 성공 아래에서는 아무도 모르는 불행이 깊이 뿌리박혀 있고, 우울이 끓어오르고 있는 걸까?

나는 나의 반생을 이곳에서 살면서 1990년대부터 오늘에 이르기까지 이 나라의 사회 변화를 관찰하고 경험했다. 덕분에 한국 사람을 잘 이해하게 되었고, 그들의 행복에 대해서도 조금은 이야기할 수 있게 되었다. 나는 이 책에서 나에게 행복이란 무엇인지 행복을 찾기 위해 이 나라에서 어떤 경험을 하고 어떤 생각을 했는지, 그리고 많은 한국 사람을 불행해 보이도록 만든 것들에 대해 이야기해 보려고 한다.

이 책은 쉽게 읽히지 않을 수 있다. 미리 말해 두자면 열렬하게 찬사를 늘어놓으며 기분 좋은 칭찬을 할 생각은 없다. 하지만 나를 이끌어 이토록 놀라운 경험과 사랑, 그리고 기회를 선사해준 이 나라와 사람들에게 내 진심을 건네고도 싶다. 말하자면 진심 가득한 편지, 그러나 나의 관점에서 한국 사회와 한국 사람들을 들여다보는 다소 냉정해 보일 수도 있는 달콤쌉싸름한 연애편지다.

관점은 사람마다 다를 수 있다. 솔직히 나는 모든 문제에 명쾌한 해결책을 가지고 있지 않고, 아는 척하고 싶지도 않다. 독자들은 개인적 견해에 따라 이 책이 도발적이라고 느낄 수도 있고, 어느 대목에서는 불쾌해할 수도 있다. 물론 내 의견을 모두가 동의할 수 없다는 건 당연하다.

다만 개인적 통찰과 생각을 함께 나눌 수 있기를 희망한다. 우리 사회와 우리가 더 나은 방향으로 변화하려면 서로를 마음 깊이 이해하고 우리를 아프고 힘들게 하는 것들에 대해 냉철하고 용기 있는 대화가 필요하다고 믿는다. 배려와 어울림은 사회 구성원 사이에서 미덕이 될 수 있지만, 갈등을 무조건 회피하려는 자세로는 본질적인 문제를 해결할 수 없다. 우리는 우리 자신과 다른 사람들 주변에서 우리를 불행하게 하는 것이 무엇인지 직시해야 한다. 당신과 나, 우리가 모든 문제에 동의할 수 없겠지만, 그래도 이 문제에 대해 대화를 시작할 수 있지 않을까?

한 해 한 해 시간이 갈수록 나는 한국 사람들이 자신의 삶에 크게 불만족하고 있다는 자료를 목격한다. 많은 수의 젊은이들은 이 나라를 떠나고 싶어 하고,[3] 탄생을 알리는 아이들의 우렁찬 울음소리는 점점 줄어들고 있다.[4] 분명 우리 사회에 근본적인 문제가 있다는 걸 증명하는 사실들이다. 이것은 마치 달콤한 미소에 감춰진 균열, 완벽한 웃음 속에 비친 얼룩 같다. 놀랍도록 전 세계에 떠오른 대한민국의 위상과 이미지는 어찌된 일인지 성형된 듯하다.

겉으로 보기엔 성공했고 명성도 얻었지만, 내적으로 점점 공허하고 외로움을 앓고 있는 사람. 한국 사회를 사람으로 비유하면 이런 사람이지 않을까? 사회를 향한 개개인의 절망감 역시 증가하고 있다. 그렇다면 이러한 놀라운 발전 속에서 외면과 내면의 불균형은 언제, 어디에서부터 벌어진 것일까?

행복하기 위해서는 무엇이 나를 행복하게 만드는지 알아야 한다. 뻔한 말이지만, 자신이 어떻게 살고 싶고 무엇을 바라는지조차 모른다면 행복해지기 어렵다. 한국 사회에는 많은 유무형

---

3 2019년 12월, 한국여성정책연구원의 제119차 양성 평등 정책 포럼 발표 자료 '청년 관점의 젠더 갈등 진단과 포용 국가를 위한 정책 대응 방안 연구: 공정 인식에 대한 젠더 분석'을 보면, 19〜34세 청년 10명 가운데 7.5명은 한국을 떠나 살고 싶어 했다.

4 2021년 통계청에 따르면 2020년 우리나라 합계출산율은 0.84명으로 역대 최저치이자 OECD 회원국 최하위를 기록했다.

의 규제가 존재하는 동시에, 어린 시절부터 개인이 성장하기 위해 선택할 수 있는 폭이 좁은 특성이 있다.

상대적으로 많은 재산, 더 좋은 직업, 더 비싼 아파트에 대한 끊임없는 만트라[5]를 넘어선 인생의 행복은 무엇일까?

어린 시절부터 이것은 꿈꿔야 하고, 저것은 아예 생각도 해선 안 된다는 무수히 많은 엄격한 규칙과 고정관념 속에서 설계되고 정의 내려진 행복이 존재하는 한 누구도 행복할 수 없다. 성격, 생김새, 취향이 다르듯 사람들은 저마다 자신만의 인생관과 꿈을 꿀 수 있어야 하고, 그 생각들은 마땅히 존중받아야 한다. 우리는 우리 자신, 그리고 주변의 평범하고 소중한 사람들이 행복할 수 있는 사회를 만들기 위해 지금 어떤 문제가 벌어지고 있고, 이 문제를 해결하기 위해 무엇을 할 수 있는지 살펴봐야 한다.

인류 역사상 모든 발견과 진화는 항상 사람(의 새로운 사고)에서 시작됐다. 사람은 세계를 변화시키는 주체다. 한국 사람들은 어떻게 해야 새로운 역사를 창조할 수 있는지, 마음만 먹으면 불가능할 것 같은 일도 할 수 있다는 걸 여러 차례 전 세계에 보여주었다. 이제 그 힘을 우리를 불행하게 만드는 것을 직시하고 바꾸는 데 쏟아야 한다.

---

5 불교, 힌두교 용어로 기도하거나 명상할 때 외우는 주문을 뜻한다.

하지만 그 논의 과정이 매우 불편할 수 있다. 나는 보고 느끼는 것을 가급적 솔직하게 표현하는 편이다. 우리가 사는 이곳을 보다 더 나은 사회로 만들고자 하는 같은 목적을 지니고 있다면 자신이 소중하게 여기는 가치가 서로 다르더라도 의미 있는 생각과 개념에 대해 열린 자세로 들어볼 필요가 있다.

이 책에서 내가 눈여겨보는 지점은 각 개인이 지닌 가능성과 힘이다. 우리 각자가 지닌 그 가능성을 행복이란 목적지까지 가는 데 어떻게 쓸 수 있는지 차근차근 이야기해 보겠다.

엄밀히 말하면 나는 한국 사람이 아니다. 하지만 내 인생의 절반을 이곳에서 보냈다. 교수, 리포터, 자문위원, 사장, 한국 담당 옵서버 등 내 이름 앞에서 나를 소개한 직업 또한 다양했다. 한국 사회에서 다양한 직업인으로 살면서 겪은 수많은 경험과 이방인으로서 지닌 객관적인 시각이 이 책을 읽는 독자들에게 사고의 폭을 넓히는 데 도움이 되기를 바란다.

1장.
워라밸의 기술

늘 행복할 수는 없다. 기쁨과 희망 못지않게 슬픔과 절망 또한 나를 성찰하고 행복을 꿈꾸게 하는 삶의 중요한 요소다. 이렇듯 균형을 찾고 유지하는 일은 중요하다. 하지만 종종 우리는 균형 찾기에서 오류에 빠져든다. 일과 사생활에서 균형을 찾는 것이 이슈가 되었다. 잊지 말아야 할 것은 일하는 시간도, 쉬고 있는 시간도 모두 삶의 시간이라는 점이다.

1. 공정한 사바나는 없다

세상은 공평하지 않다. 그런 적이 한 번도 없었고 앞으로도 그럴 것이다. 세상이라는 정글 속에는 항상 더 유리한 존재들이 있다. 동물의 왕국도 별반 다르지 않다. 어떤 동물들은 잡아먹히지 않기 위해 평생 뛰어야 하지만, 먹이사슬의 꼭대기에서 인간 외에 두려울 것이 없는 동물들도 있다.

동물의 세계만 그러할까? 부유한 나라, 부유한 부모 밑에서 하얀 피부를 가지고 태어난 아이가 있는가 하면, 정반대의 환경에서 태어난 아이도 얼마든지 있다. 타고난 외모도, 건강도 전혀 공정하지 않다.

2016년 미국의 배우 매슈 매코너헤이Matthew McConaughey는 휴

스턴 대학에서 졸업생들을 위한 축사를 했다. 그의 메시지에는 고전적이고 진부한 면이 많았지만, 나는 단호하면서도 타당한 진실이 담긴 흥미로운 연설이었다고 생각한다.

"인생은 쉽지 않습니다. 정말 그렇습니다. 쉽게 살려고 하지 마세요. 인생은 불공평합니다. 늘 그랬고 지금도 그렇습니다. 그리고 앞으로도 그럴 겁니다. 이 문제에 대해 자신을 누군가에게 따져 물을 수 있는 피해자라고 생각하지 마세요. 당신은 그렇지 않습니다. 이겨내고 앞으로 나아가세요. 사실은 말이죠, 인생에서 많은 것들은 그것들을 얻기 위해 열심히 노력할 때 보다 가치 있게 보상됩니다."

그의 말처럼 인생이란 쉽지 않다. 열심히 공부한다고 해서 좋은 대학, 꿈꾸던 직업이 보장되는 것도 아니다. 그런 식의 인과관계가 반드시 성립될 거라고 믿고 있다면 언젠가 그 믿음을 버리고 자신이 불행하다고 느낄지도 모른다. 잡동사니 수준의 영상물로 수백만 구독자를 보유한 유튜버가 있고, 놀라울 만큼 양질의 콘텐츠를 제공하면서도 알려지지 못한 사람도 있다. 그렇다고 공평하지 않은 세상을 무조건 나쁘다고 할 수도 없고, 그 때문에 삶이 불행하다고 할 수도 없다.

영국 〈가디언〉의 칼럼니스트이자 동물학자, 환경운동가인 조지 몽비오George Monbiot의 말처럼 "만약 부가 부단한 노력과 진취성의 결과라면 아프리카의 모든 여성은 백만장자가 돼 있을 것이다". 그렇다면 아프리카 여성들은 공정하지 않은 세상에서 불행만을 맛보고 있는 것일까? 노력한 만큼 성과가 보이지 않는 아프리카에서 행복을 느끼는 건 불가능한 일일까? 비교와 경쟁의 시선으로 보면 가난한 나라에 살고 있는 사람들의 삶이 행복해 보이지 않을 수도 있다.

그렇다고 잘사는 나라가 가난한 나라를 위해, 잘사는 부유층이 어렵게 살아가는 극빈층을 위해 적극적으로 나서서 공정한 세상을 이룩해야 할까? 전혀 그렇지 않다. 물론 어느 나라의 사회에서건 약자는 보호 받아야 하고, 아무리 가난한 사람이라도 성공할 수 있는 공정한 시스템이 구축되어야 한다. 사회 전반의 공정성은 실현되어야 한다. 다만 현실을 착각하지 말아야 한다. 모두가 평등하고, 모든 것이 공정해야 한다는 것에 너무 집착해서도 안 된다.

최근 한국에서는 공정성이 뜨거운 이슈다. '공정'이라는 필터로 세상을 들여다보니 "불이익을 봤다", "공정하지 않다", "부당하다"는 목소리가 여기저기서 터져나온다. 경쟁에 내몰린 사람들이 많다 보니 그렇게 느낄 수 있다. 자기 입장에서 따져보면 손해를 본 것이고, 불공정하다고 여겨질 것이다. 이 사회에 'No pain, no gains(고통받지 않았다면 어떤 이익도 누릴 자격이 없다)'

라는 말이 강박적으로 통용되는 건 필연적인 결과 같기도 하다.

당연하게도, 스펙을 쌓느라 책상 앞에서 고군분투하는 취준생들은 몇 년 전 인천공항공사의 비정규직 종사자들이 정규직으로 채용되었을 때 청와대 청원 게시판까지 찾아가 불만을 토해냈다. 당연하게도, 영혼을 끌어모아 내 집 마련을 한 사람들은 올림픽에서 메달을 딴 국가대표 선수들이 국민주택의 특별공급 대상자가 된다는 제도에 항의했다. 나처럼 공부해서 시험을 통과한 것이 아니라면 정규직으로 채용될 자격이 없고, 나처럼 집을 마련하기 위해 애쓰지 않았다면 어떤 사람도 집을 얻을 자격이 없다고 여긴다.

이들에게 공정은 딱 자신을 위한 장치이다. 자신만의 공정을 외치는 사회에서 타인의 행운이나 행복은 불공정한 눈엣가시일 수밖에 없다. 사촌이 땅을 사면 배가 아프다는 오래된 속담이 있긴 하지만 요즘은 그런 분위기가 더 강해진 것 같다. 공정은 중요하게 다뤄야 할 주제지만 그 범위가 개인 혹은 특정 집단에게만 국한된다면 그 사회는 결코 진정한 공정에 도달할 수 없다.

공정성에 대한 외침은 질투에서 기인한다. 사회에서 고용의 안정성은 중요한 문제이고 비정규직 철폐는 여전히 유효한 목소리지만, 내가 아닌 남에게 돌아가는 일은 다른 문제인 것이다. 같은 상황에서 입장이 뒤바뀐다면 "누군가의 공정을 해치는 일이니 나는 거절하고 비정규직으로 남겠다"고 할 수 있을까? 우리의 외침이 나에게 불공정할 바에야 모두가 고통을 겪어야 한다는 논리가 아닌지 돌아봐야 한다.

돌아보면 한국의 민주주의는 많은 이들의 희생으로 만들어낸 감동적인 결과물이다. 1970~80년대 엄혹한 독재정권하에서 수많은 사람들이 자신의 고통, 목숨을 담보로 내걸어 싸우고 희생해서 얻어낸 것이 오늘의 민주주의다. 그 시절 젊은이들은 민주주의를 자신만의 전유물이라고 생각하지 않았다. 내가 거리에서 최루가스에 눈물 흘리고, 경찰의 구타로 피를 흘리고, 고문을 받았으니 그 민주주의를 나만 누려야 한다고도 생각하지 않았다. 싸우지 않은 사람들은 민주주의를 누릴 자격이 없다고도 하지 않았다. 애초에 자기 자신만을 위한 싸움이 아니었기 때문이다.

처음 한국에 정착해서 어학당에 다녔을 때만 해도 이른 아침의 혜화동 거리에는 최루가스 냄새가 남아 있었다. 도로 위에는 돌들이 나뒹굴었다. 당시 정확히 한국 사회에서 무슨 일이 쟁점이 되고 갈등이 있었는지 알지 못했지만, 간밤의 집회는 모두를 위한 것이었다는 건 나도 어렴풋이 알 수 있었다.

그 마음들은 2016년 대한민국을 밝혔던 촛불 집회에서도 여전히 살아 있었다. 사람들은 다시 대의를 위해 촛불을 밝혔다. 비가 와도, 눈이 와도, 날이 추워도 거리로 모여들었다. 나는 이 광경이 너무 자랑스러웠고 이들의 모습을 다큐멘터리로 만들었다. 독일의 프리드리히 에버트 재단[6]은 2017년 인권상 수상자로 '대한민국 국민'을 선정하기도 했는데, 이 상은 촛불집회의 조직위원회였던 '박근혜정권퇴진비상국민행동'이 대표로 수상했다.

공정성은 중요한 이상이고, 사회는 이를 위해 부단히 노력해야 한다. 공정성 자체가 나쁘다는 말이 아니다. 다만 인생의 불공평함을 이해하고 그 분별력을 내가 아닌 모두를 위해 발휘하면 좋겠다. 공정성은 다른 사람들을 공격하는 무기도 아니고 나의 단점을 감추는 방패도 아니다.

만일 사회가 공정하면 나는 분명 성공할 수 있을 거라고 생각하는가? 그렇다면 초원에서 태어난 얼룩말이 이렇게 항변한다면 어떤 말을 해줘야 할까? "왜 사자가 나타나면 나는 도망가야해? 나는 사바나가 공정해야 한다고 생각해. 이제 사자가 달려들더라도 더 이상 도망가지 않고 너만큼 내 생명도 소중하다고, 우리는 공정해야 한다고 따질 거야."

나 역시 공정한 사바나를 보고 싶지만, 이러한 얼룩말의 이야기가 해피엔딩으로 이어질지는 굉장히 의심스럽다.

6　Friedrich Ebert Stiftung. 1925년 설립된 유서 깊은 정치 재단이자 비영리 공익 재단.

2. 워라밸이라는 이름의 강박

1994년, 한국에서 나를 맞아준 계절은 여름이었다. 유난히 덥고 습한 날씨가 기억난다. 늘 타고 다녔던 지하철의 풍경도 생생하다. 슈트 차림의 샐러리맨들은 아침부터 졸고 있었다. 밤거리에서 그들을 다시 만났다. 여전히 슈트를 입은 채 술에 잔뜩 취해서 거리에 앉아 있거나 누워 있는 이들도 있었다. 집으로 돌아가 가족과 함께 있어야 할 시간에 정신을 잃고 길거리에 있는 모습이 너무도 이상했다. 아침부터 밤까지 피곤한 사람들. 그 모습이 한국의 노동 강도, 노동 문화를 상징하는 이미지라는 걸 깨닫게 된 건 시간이 좀 더 흐른 뒤였다.

역시 그즈음 겪었던 일이다. 처음으로 한국의 여행사를 찾아간 적이 있다. 한국에 오고 나서, 나는 아시아의 여러 나라에 궁금증이 생겼다. 이것저것 알아보던 중 여행을 하려면 경비가 얼마나 필요한지 알고 싶어 길거리에 있는 여행사의 문을 열고 들어갔다. 발을 들이는 순간, 잘못 왔나 싶은 생각이 들었다. 실내에는 두 사람이 있었는데, 한 사람은 책상에 엎드려 자고 있었고 한 사람은 신문을 보고 있었다.

"죄송합니다. 쉬는 시간인가 보네요."

"아니에요. 어떻게 오셨어요?"

내가 사과를 하자 직원은 오히려 의아한 표정을 지었다. 일하고 있다는데 일하는 것 같지 않은 풍경. 나는 비단 여행사뿐 아니라 사회 곳곳에서 그런 모습을 볼 수 있었다.

한국의 노동 시간은 길다. 지금은 법정 노동 시간이 주 40시간, 연장 노동 12시간을 합해 최대 주 52시간으로 줄었다고 하지만 이 역시 OECD 평균을 훨씬 웃돈다.[7] 긴 노동 시간이 업무의 효율성을 담보하지는 않을 것이다. 한 가지 사안을 결정하기 위해 여러 단계의 결제를 거치게 되면 업무의 효율성은 떨어지기 마련이다. 때론 단거리 달리기를 하듯 기민하게 움직여야 하는

---

7 2020년 통계를 보면 OECD의 연간 노동 시간은 1687시간인데, 한국인의 노동 시간은 1908시간이다.

데, 항상 마라톤 하듯 시간을 때우는 모습을 심상찮게 보아왔다. 직장의 업무는 시간을 채우는 것으로 결코 굴러가지 않는다.

물론 시간이 절대적으로 투여되면 노동 생산성이 일정 부분 오를 것이고, 그 덕분에 단기간 경제 성장을 이룰 수 있을 것이다. 하지만 그 여파로 개인의 사생활은 꿈꿀 수도 없고, 가정에도 좋은 영향을 끼쳤을 리 없다.

다행스럽게도 한국의 노동 문화는 조금씩 달라졌다. 예전에 비해 상사의 눈치를 보지 않고 퇴근하는 사람들이 늘어났고, 잦은 회식은 과거에나 통용되었던 '꼰대들의 전유물'이 되었다. 요즘 젊은 직장인들의 화두는 일과 삶 사이의 균형 찾기, 이른바 '워라밸'이다. 한국 사회에서 이 단어는 어떤 의미를 띠고, 어떻게 작동하고 있을까?

워라밸work & life balance은 1980년대 영국에서 여성운동의 일환으로 생겨난 말이다. 여성의 사회 진출이 늘면서 가사일과 직장 업무를 병행하기 힘든 여성들이 탄력 근무와 출산 휴가 등을 요구하면서 등장했다. 한국에서 높은 '워라밸 지수'는 젊은이들의 직장 호감도를 결정한다. 이 트렌드를 반영하듯 고용노동부에서는 2017년에 일과 생활의 균형, 업무의 생산성 향상을 위해 '근무 혁신 10대 제안'이라는 책자를 발간했고 워라밸을 잘 실천하고 있는 기업을 선정해 발표하기도 했다.

일과 생활은 서로 상생하며 조화를 이뤄야 한다. 어느 한쪽으로 치우쳐 다른 한쪽의 희생을 요구해서도 안 된다. 하지만 일과 생활이 함께 굴러가는 순간에 균등한 분할을 요구하는 것은 일종의 강박이다. 어느 날은 직장 업무에 신경을 써야 할 때도 있고, 가정을 더 챙겨야 하는 순간도 있을 수 있다.

워라밸이란 단어에는 분명 '일'과 '삶' 모두 중요한 의미가 있다는 강조가 담겨 있는데, 직장인들의 태도를 보면 일하는 시간은 가급적 빨리 벗어나야 하고, 그 시간 뒤에 진정한 행복을 누릴 수 있다는 말처럼 들리기도 한다. 일은 그저 돈을 버는 수단일 뿐이라는 인식이 담긴 듯하다. 잠깐만 생각해 봐도 우리는 인생의 절반 그 이상을 일하면서 산다. 그 절반이 빨리 지나가길 바라는 시간일 뿐이라면 우리는 인생의 반 이상을 버리고 있는 셈이다. 문제는 워라밸이라는 규칙이 아니라 어떤 마음과 태도로 일하고 사느냐는 것이 아닐까?

나는 여러 가지 일을 한다. 다큐멘터리를 기획해서 영상물을 제작한다. 올림픽이나 엑스포 같은 대규모 행사가 있을 때 한국을 찾은 외국 방송국 팀을 위해 총괄적으로 서포팅 하는 일도 오랫동안 해왔다. 2018년 평창 동계올림픽이 열렸을 때의 일이다.

독일 방송국에서 300명 정도의 인원이 왔고, 나는 그들을 위해 숙소를 잡고 이동을 책임지고 촬영 일정을 잡는 일 등을 진행해야 했다. 한국 사람들을 임시로 고용했는데 방송국 일이라는 게 늘 그렇듯이 일정 변경이 잦았다.

한번은 케이블 배선을 담당한 사람이 갑자기 몸이 아파서 급하게 도와줄 인원이 필요했다. 당시 현장에는 운전사로 고용된 사람이 할 일 없이 쉬고 있었다. 나는 그에게 양해를 구하며 도움을 요청했다. 물론 케이블을 배선하는 일이 그의 전문 분야는 아니었다. 하지만 상황은 긴박했고, 그 일은 전문 기술이 필요 없는 단순한 업무였다. 돌아온 대답은 "싫습니다"였다. 운전사로 고용되었으니 그 업무만 담당하겠다는 것이었다. 그의 입장을 이해 못 하는 바도 아니었고, 그의 대답이 잘못된 말도 아니었다. 특별히 할 일이 없다면 도울 수도 있다는 마음은 내 생각일 뿐, 그의 생각은 아니었다.

요즘은 고용하는 과정도 예전과 많이 다르다. 업무에 앞서 고용주와 고용인 모두 체크해야 할 사항이 많이 늘었다. 하루 일당 외에도 식비로 얼마가 책정되었는지, 쉬는 시간은 언제인지, 시간 외 수당은 얼마인지 꼼꼼하게 물어보고 확인한다. 하루 일당이 정해지면 시키는 일을 묵묵히 하던 시절과는 다르다.

일하는 노동자의 권리는 중요한 것이고, 당연히 준수해야 할 사항이다. 주어진 일을 열심히 잘 해낸다면 문제될 일도 아니다. 다만 빽빽한 계약서에는 마음을 담을 수 없다. '최선을 다해', '열심히'라는 문구가 현장에서 어떻게 작동하는지는 아무도 알 수 없다. 계약서의 규칙만 따지는 업무에서 마음이 들어설 자리는 애초에 없다.

가족과 제주도로 여행을 갔다. 제법 규모가 큰 고깃집이었는데, 평일 낮이라 그런지 손님도 별로 없고 한산했다. 고기를 굽는데 마늘이 더 필요해서 나도 모르게 습관처럼 직원에게 말을 건넸다.

"마늘 좀 더 주시겠어요?"

딱히 할 일이 없었는지 직원은 여유롭게 핸드폰을 들여다보고 있었다. 나의 질문에 그는 핸드폰에서 눈도 떼지 않고 답했다.

"셀프예요!"

둘러보니 셀프라는 문구가 벽에 쓰여 있긴 했다. '그래, 규칙은 지켜야지. 한 사람에게 허용되기 시작하면 너도나도 요구할 테고, 그렇게 되면 무용지물이 될 거야.' 생각은 이렇게 했지만 아쉬움은 남았다. 일하는 시간에 핸드폰을 보면서 규칙을 읊는 그가 자신의 일을 즐기고 있다는 생각은 들지 않았기 때문이다. 적어도 그의 마음은 일하는 곳이 아니라 핸드폰 속에 있었다.

일하는 즐거움을 느끼려면 그 일에 마음을 담아야 한다. 사생활의 영역에서만 적극적이고 능동적인 태도를 지니는 것이 아니라, 단순하고 평범한 업무라도 주어진 일에 마음을 써보면 어떨까? 마음을 만난 사람들은 다시 자기 마음을 나눠 주게 된다. 마음은 아낀다고 지켜지는 것이 아니다. 펑펑 쓰더라도 다시 샘솟는다. 신비한 일이다. 나는 무슨 일을 하든지 마음을 담아 일하는 것이 최고의 자질이라고 생각한다. 그런 사람들과 일하고 싶다.

'자동차 왕' 헨리 포드Henry Ford. 1863~1947는 멋진 말을 남겼다.

"품질quality이란 아무도 보지 않을 때 제대로 하는 것이다."

나는 이 말에 전적으로 동의한다. 마음을 담은 일은 고용주나 회사를 위한 것이 아니다. 그것은 바로 나와 우리를 위한 것이다. 행동이든 아이템이든 훌륭한 것에는 아름다움이 담겨 있다.

직업의 궁극적인 목적은 경제 활동이다. 누군가에게 고용되었으면 고용주에게 돈을 받기 위해 그에 걸맞은 업무를 수행해 나가야 한다. 하지만 때론 돈 때문이 아니라 일에 대한 의욕, 욕심이 발현되기도 한다. 나는 타인을 만족시키기 위해서가 아니라 나 자신을 위해서 제대로 일하고 싶다. 평창 올림픽의 현장을 보다 생생하게 전달하기 위해 내가 할 수 있는 일을 한 다음, 방송사가 만들어 낸 영상물을 볼 때마다 방송사에서 계약된 업무의 대가로 받는 돈과는 차원이 다른, 가슴속 깊은 곳에서 행복과 만족이 샘솟는다.

오랜만에 찾아온 식당에서 손님을 기억하며 유쾌하게 맞아주는 아주머니, 내가 좋아하는 칵테일 메뉴를 꿰뚫고 있는 웨이터, 오늘 마트에 들어온 당근을 살지 말지 망설이는 손님에게 친절하게 설명해 주는 직원. 제주도 고깃집의 직원과 시급을 비교하면 얼마나 차이가 날지 모르겠지만, 마음은 확실히 다른 사람들이다. 그들이라고 노동 강도가 덜할까? 아닐 것이다. 다만 그들은 자신의 일을 즐기고, 일하는 동안 누군가와 마음을 주고받을 줄 안다.

워라밸이라는 강박에서 벗어나자. 열심히 일하는 순간도, 삶을 만끽하는 순간도 모두 내 인생이다.

3. 진짜로 일을 하려면

일을 즐기기 위해서는 좋아하는 일을 해야 한다. 하지만 자신이 진정 좋아하는 일이 무엇인지 알아차리고, 그 일에 라이프스타일을 맞추는 것은 말처럼 쉽지만은 않다. 좋은 직장과 성공의 기준이 획일화된 사회에서는 더더욱 그렇다. 나뿐 아니라 남들도 바라는 것이 똑같으면 경쟁은 더욱 치열해질 수밖에 없다. 많은 사람들이 몰려드는 문은 입구가 점점 좁아지고, 탈락하는 사람들 또한 넘쳐난다. 그런데 과연 저 좁은 문 너머에 내가 꿈꾸고 바라는 행복이 있긴 한 걸까?

아들이 초등학교에 입학하고 학교 행사에 간 적이 있다. 아이들이 순서대로 앞으로 나와 미래에 무엇이 되고 싶은지 발표하는 시간이 됐다. 각자 자신의 꿈에 대해 이야기하는데, 그 대답이 지금도 잊히지 않는다.

첫 번째로 나선 아이가 말했다. "저는 의사가 될 거예요."

두 번째 아이는 "변호사가 되고 싶어요"라고 대답했다.

그다음부터가 문제였다. 마치 선택지가 의사 혹은 변호사밖에 없는 객관식 문제인 양 아이들은 두 직종을 벗어나지 못했다. 그러다 한 아이가 "요리사"라고 말했다. 우리 아들이었다.

초등학교 1학년 아이들은 정말 변호사나 의사가 되고 싶은 걸까? 나는 아니라고 생각한다. 변호사나 의사 같은 사회적으로 그 럴싸한 직업을 장래 희망으로 말한 것은 순전히 부모의 생각이 주입된 결과라고밖에 달리 볼 수 없다. 몇 년 전부터 초등학생들 의 장래 희망은 좀 더 노골적으로 바뀌었다. '천만 유튜버'를 거쳐 '건물주'가 되고 싶단다. 여전히 순수한 아이들의 꿈과는 거리가 있다. 정말 아이들은 이런 직업을 원하는 걸까? 꿈꾸는 그 미래 를 실현할 수 있을까?

사람들은 늘 미래를 준비한다. 오지 않은 미래를 지금 끌어다 가 행동의 심판을 세운다. 좋은 대학에 진학하기 위해, 좋은 직장 을 얻기 위해, 내 집 마련을 위해, 노후를 대비하기 위해 '늘 준비 중'인 인생을 사는 것 같다. 불교에서는 현재, 이 순간을 살라고 가르친다. 인생은 지금 이 순간뿐이다. 순간순간이 있을 뿐이니, 지금 행복하지 않으면 나중의 행복도 없다고 말한다.

아이들도 마찬가지다. 지금 행복을 위해 열심히 놀아야 한다. 의사나 변호사가 되기 위해 노력하는 일 따위는 아이들의 행복과 무관하다. 함께 어울리면서 새로운 놀이를 만들어 두뇌를 깨우고, 규칙을 준수하며 사회성을 기르고, 놀이를 잘 못하는 친구를 배려하며 인성을 키워나가야 한다.

지금, 현재의 행복에 충실하자는 나의 원칙은 예나 지금이나 변하지 않았다. 좋아하는 일을 하다 보면 나도 모르게 저절로 행복하다는 느낌을 느꼈기 때문이다.

그렇다고 내가 아침부터 저녁까지, 1년 내내 행복한 것은 아니다. 마음이 내려앉을 때도 있고, 눈물을 흘릴 때도 있다. 세상과 인생이 선사하는 불행과 우울 역시 고스란히 짊어지고 있다. 그럼에도 살아온 여정을 넓게 보면 그 시간이 참 행복했다는 감정이 가장 먼저 느껴진다. 특별하고 대단한 업적은 남기지 못했지만 내가 원하는 삶의 방향으로 움직였고, 그 방향의 나침반이 된 것은 바로 행복이었다.

독일에서 고등학교를 졸업한 후 대학에 진학해서 전공을 선택할 때가 되었을 당시, 내가 한국학과 일본학을 공부하고 싶다고 하자 주변 사람들은 한결같은 반응을 보였다.

"정말이야? 굳이 그걸 전공까지 할 필요가 있어?"

학문 선택이 자유롭고 존중받는 독일에서조차 1990년대에 '한국학'은 전문적으로 공부하기엔 현실적으로 걱정이 되는 학문 분야였다. 경제학이나 법학을 공부하면서 나중에 여유가 될 때 해도 되지 않겠느냐는 권유도 받았지만, 나는 아랑곳하지 않았다. 나는 한국이란 나라를 전문적으로 공부하고 싶을 만큼 관심이 컸다.

1986년에 첫 출간된 책《Writing Down the Bones》[8]로 전 세계에 글쓰기 붐을 일으킨 작가 나탈리 골드버그 Natalie Goldberg는 "당신이 좋아하는 것을 믿고 계속하다 보면 당신이 가야 할 곳으로 가게 될 것이다"라는 말을 남겼는데, 그 말은 내 인생에 딱 들어맞는 명언이 되었다.

낯선 곳에 가서 활력을 느끼는 사람이 있고, 맛있는 음식만 먹어도 기쁨을 느끼는 사람이 있다. 여행을 하더라도 시장과 골목 구석구석을 누비면서 행복을 느끼는 사람이 있고, 호텔에 머무르며 정적인 시간을 누리는 것을 선호하는 사람도 있다. 저마다

---

8 국내에서는 《뼛속까지 내려가서 써라》로 출판되었다.

좋아하는 음식의 종류도, 맛도 다르다. 일 또한 마찬가지다. 사람마다 일하면서 느끼는 행복의 지점이 다르다. 같다고 생각하는 것이 오히려 이상하다.

내 일의 행복이 내 직업이 어느 직종이고 어떤 회사에 다니는지에 좌우된다면, 그런 일을 하지 않거나 그런 직장에 다니지 않는 사람들은 불행해야 하는 것일까? 누구나 알 법한 IT기업, 연봉 높은 대기업에 다니는 것, 명함에 박힌 직장명과 타이틀만이 성공한 일의 기준이 된다면 성공을 이룬 그 사람은 이제 일하는 시간 동안 다른 무언가에서 즐거움을 찾아 헤매게 될지 모른다. 일하면서 느끼는 즐거움은 일의 타이틀이 아니라 일을 하는 마음과 자세다.

나는 언어학을 공부했지만 언어학자로 일해본 적이 없다. 현재 내가 하고 있는 일도 언어학과는 별 관계가 없어 보이기도 한다. 하지만 워낙 여행을 좋아하고 사람들과 어울리는 것을 좋아하는 성격이라 여러 나라를 찾아다니며 늘 먼저 그곳의 언어를 열심히 배운다. 덕분에 지금은 모국어인 독일어 외에도 일본어, 한국어, 영어를 구사할 줄 안다.

사진 찍는 일도 좋아한다. 제대로 배운 적은 없지만 아름다운 이미지를 만드는 것에 관심이 많아 틈틈이 좋은 사진을 찾아보며 이러저러하게 궁리하면서 나름 노력했다. 운 좋게도 여러 나라에 내가 찍은 사진을 판매할 수도 있었다.

영상 작업에도 아주 관심이 많다. 코로나19 바이러스가 유행하면서 일은 줄었지만 한편으로 여유가 생겨 본격적으로 촬영과 편집을 집중적으로 공부하고 있다. 그동안 외주로 맡겼던 전문적인 영상 편집을 이제는 내가 스스로 할 수 있을 정도가 되어서, 음식점을 새롭게 연 친구를 위해 영상물을 만들어 주기도 했다. SNS에 홍보용으로 쓸 영상물이었는데, 요리하는 모습이며 부부의 모습을 담아 편집하고 음악을 깔고 보니 결과물이 꽤 만족스러웠다. 친구 부부가 굉장히 좋아했는데, 나 또한 너무 보람이 느껴지고 즐거웠다. 영상 제작에 자신감도 붙었다. 뭐라도 친구를 도와주고 싶은 마음에 해본 것인데, 새로운 일에 대한 동기 부여가 된 것 같다.

호기심, 흥미, 배움의 욕구가 자연스럽게 스며들면서 나의 일을 이루고 있는 셈이다. 뭔가를 배운다는 것은 나를 새롭게 정의하는 기회가 되기도 한다. 예기치 못한 곳에서 즐거움이 기다리고 있다. 누구에게나 이런 가능성은 잠재되어 있다.

내가 미처 만나지 못한 행복이 도처에 있다. 타인과 사회적 기준이 정해놓은 성공의 기준이 나에게 들어맞는 경우는 매우 드물다. 그것만 좇다 보면 내가 가진 잠재력과 가능성을 찾기까지 너무 오랜 시간이 걸릴 수도 있다. 행복은 스스로가 발견하는 것이기도 하다.

4. '금수저'들의 지옥

선불교에 관심이 많았던 나는 계룡산에 있는 신원사에서 3개월 동안 묵언수행을 한 적이 있다. 여러 스님들을 비롯 친구인 현각 스님과도 함께 결제結制(안거를 시작함)에 들어갔는데 그 기간 동안 나는 식사 때마다 국을 퍼서 그릇에 담는 일을 맡았다.

별것 아닌 일이었지만, 나는 맡은 일을 잘하고 싶었다. 수행 도중 식사 시간이 되면 다 같이 모여 대화를 나누지는 않았지만 밥을 먹었다. 뜻을 품고 명상에 참여한 사람들의 소중한 식사 시간인 만큼 나 또한 마음가짐을 바르게 하고 싶었고, 수행이 끝날 때까지 그 일에 마음을 쏟았다. 국을 퍼 올리는 각도와 따르는 자세에도 신경을 썼고, 사람들 뒤를 지나갈 때도 조심스럽게 걸었다. 사실 누구나 할 수 있는 단순한 일이었지만, 나는 그 일 또한 수행의 한 과정으로 여기고 최선을 다했다.

시간이 흘러 수행을 마친 날, 결제를 함께한 미국 여성 한 분이 내게 인사를 건넸다.

"그동안 말할 수 없어서 이제야 말씀드리게 되는데, 감사했어요."

그녀는 내가 국을 따르는 모습에 감동을 받았다며 하루 중 그 시간이 참 좋은 순간으로 기억에 남는다고 말했다. 깨달음의 순간이었다. 내 마음이 타인에게도 전달되었다고 생각하니 너무도 행복했다. 누군가 몸과 마음이 하나가 되어 일한다면, 적어도 그렇게 하려고 노력한다면 그 마음은 전달된다. 누가 내 노력을 알아줄까 싶지만, 그런 일은 실제로 일어난다.

"마음을 주라고? 회사는 열정 페이를 요구하는데, 왜 나만 마음을 줘?"

내 말에 이렇게 항변하고 싶을지도 모른다. 부당한 요구를 하는 상사를 무조건 참으며 일하라는 뜻이 아니다. 자기에게 주어지고 맡은 일을 하게 되면 그런 태도로 임하라는 이야기다. 그 누구도 아닌, 자신을 위해 그래야 한다고 생각한다.

'네가 잘해주면 나도 잘해줄게' 하는 마음은 논리적으로 그럴

싸해 보이고, 서로 손해 없는 거래처럼 느껴진다. 하지만 꽃은 향기를 내뿜을 때 사람을 가리지 않는다. 내가 할 일에 마음을 다할 준비가 되어 있다면 대상을 가릴 필요는 없다.

칼릴 지브란Kahlil Gibran[9]의 대표작으로 손꼽히는 《예언자The Prophet》를 보면 베푸는 것에 대한 이야기가 나온다. '베풂'이란 무엇인지에 대해 부자가 묻자 예언자는 말한다.

"그대들은 오직 보답이 있을 때에만 베풀 것이라고 한다. 하지만 과수원의 나무와 목장의 양 떼는 그렇지 않다. 그들은 스스로 살기 위해 베푼다. 서로 나누지 않고 움켜쥐는 것이야말로 멸망하는 길이기 때문이다. 낮과 밤을 맞이하는 모든 이들은 그대들에게 다른 모든 것을 받기에 부족하지 않은 이들이다."

몇 년 전 나는 오만을 여행한 적이 있다. 오만은 광활한 사막과 멋진 산맥을 간직한 아라비아해 연안의 아름다운 나라다. 이웃한 사우디아라비아와 아랍에미리트처럼 석유를 보유하고 있어 부유한 곳이기도 하다. 나는 이 나라를 여행하다가 깨달음을 하나 얻었다.

오만에는 인도나 필리핀에서 건너온 외국인 노동자들이 굉장

9　1883~1931. 레바논 태생의 미국인 예술가. 소설가, 시인, 화가. 성경과 니체 등의 영향을 받아 사랑과 죽음 같은 현실적이고 추상적인 주제를 다룬 작품을 남겼다.

히 많다. 노동이 필요한 일은 이들의 몫이다. 그럼 오만 사람들은 무슨 일을 할까? 이들은 찻집에 앉아 물담배를 피우며 차를 마시고 담소를 나눈다. 부유한 나라답게 정부는 국민들에게 사회적인 서비스를 무상으로 제공한다. 그곳에서 만난 한 사람은 자신들에게 돈은 문제가 되지 않는다며 허세를 부리듯 말하기도 했다.

내 눈에 그들의 하루는 너무도 게을러 보였다. 일하지 않아도 돈이 넘쳐나는 젊은이들은 밤이면 페라리와 람보르기니를 몰고 무스카트(오만의 수도)의 주요 도로를 질주한다. 자동차 소음 때문에 나는 한밤중에 잠에서 깨기도 했다. 그 광란의 질주에서 맛보는 스릴이 얼마나 유지될지는 의심스러웠다. 값비싼 자동차를 몰면서 삶의 의미를 찾을 수 있을까? 어떤 이들에겐 그 삶이 부러울지 모르겠지만, 내게는 지옥의 환영처럼 보였다.

마침 내가 머물던 때가 12월 말이었다. 새해를 기념하기 위해 우리 일행은 시내의 끄트머리에 있는 작은 레스토랑에 가려고 택시를 탔다. 택시 기사는 오만 사람이었다. 무슨 이유에서인지 외국인 노동자에게는 택시 운전을 허용하지 않는다고 했다. 출발하기 전 그에게 레스토랑까지 요금이 얼마나 되냐고 물었더니 전혀 생각지도 못한 대답을 들었다.

"주고 싶은 만큼 주세요."

그는 돈은 충분히 있다면서, 사는 게 너무 심심해서 가끔 택시

나 몰면서 외국인 여행객들과 수다를 떠는 게 낙이라고 했다.

생계를 위해 일할 필요가 없는 세상. 일을 하는 가장 큰 이유가 '먹고살기 위해서'인 우리의 눈에 모두가 '금수저'로 태어난 사회는 진정 이상적인 사회일 것만 같다. 하지만 그 이상적인 사회의 허상을 나는 활기가 느껴지지 않는 오만에서 보았다.

나중에 알게 된 사실이 있다. 오만 사람들의 차는 항상 깨끗했다. 다른 나라에서 주정차 금지 구역에 차를 대면 벌금을 무는 것처럼 오만에서는 차가 깨끗하지 않으면 벌금을 내야 한다고 한다. 늘 사막에서 바람이 불어오는 곳이라 차가 쉽게 더러워지는 건 당연한 일인데, 그런 법이 있다는 사실이 좀 의아했다. 무료한 오만의 남자들은 시원한 그늘에서 차를 마시고, 물담배를 피우고, 세차를 한다. 그나마 차를 씻는 일은 열심히 하는 것 같다. 세차하는 일에서만큼은 게으름을 피우지 않는 건 벌금이 어마어마한 탓인지, 차를 생각하는 마음만은 진심이기 때문인지는 잘 모르겠다.

오만의 아름다운 풍경과 여유 있고 친절한 사람들이 가끔 떠오른다. 한 번쯤 다시 가보고 싶은 마음도 든다. 하지만 그곳에 정착해서 살고 싶은 마음은 전혀 없다. 일하지 않아도 되는 삶을 사느니 돈을 벌기 위해 열심히 일하고 그 대가를 누리는 것이 낫다.

"뭘 그렇게까지 해."

내가 일하는 걸 보고 친구들은 의아함 반, 걱정 반을 담아 말한다. 누군가 급하게 도움이 필요하다고 하면 상황을 파악하고 내 일정이 꼬이더라도 시간을 내려고 노력한다. 솔직히 나 자신을 돌아보면 내가 하겠다고 결심한 일은 열심히 했다. 그렇게 일한 이유는 클라이언트 혹은 도움을 요청한 친구 때문이 아니다. 나 때문이다. 스스로에게 인정받고 떳떳해지고 싶은 마음이 컸기 때문이다.

열심히 작업해 놓고, 작업을 부탁한 클라이언트가 약속한 돈을 지불하지 않아 소송까지 간 적이 있다. 그가 요구한 것 이상을 해주었는데, 정작 그런 상황에 놓이고 보니 억울하고 화가 났다. '받은 만큼만 일하자', '다음엔 상황에 따라 작업량을 조절하자' 하는 생각도 들 법한데, 막상 일하게 되면 그런 마음이 사라지고 더욱 욕심이 생긴다. 한번 장착된 일에 대한 태도는 상황이나 사람에 따라 달라지지 않는다.

5. 먼저 나 자신에게
솔직해질 것

내 어머니는 교사였다. 가르치는 일이 많이 힘드셨는지 어린 시절 나는 어머니에게서 종종 "빨리 은퇴하고 싶다"는 말을 듣곤 했다. 한국에도 은퇴까지 남은 시간을 자주 헤아리는 친구들이 있다. 그만큼 열심히 일했고 몸과 마음이 지쳤다는 뜻일 게다.

나는 은퇴 없는 삶을 살고 싶다. 죽는 날까지 일하고 싶다. 만일 은퇴하고 나면 나는 무얼 하고 지낼까? 해변에 앉아 파도 소리를 들으며 책을 읽고, 음악을 들으려나? 하루, 이틀은 모르겠지만 그게 일상이 된다면 끔찍하다.

물론 일하다가 스트레스를 받은 적이 종종 있긴 하다. 하지만 그 기억보다 일을 통해 나란 존재를 확인하고, 내가 즐거워하고 좀 더 성숙해졌다는 걸 깨달을 때가 많았다. 내 입장에서는 일을 그만둘 이유가 없다. 이토록 좋아하는 일에서 빨리 손 떼고 싶지 않다.

남들보다 더 성공하고 알려졌기 때문에 돈도 많이 벌고, 일도 꾸준히 하고 싶은 것 아니냐는 반문이 있을 수도 있다. 이 말은 반은 맞고 반은 틀리다. 어떤 일을 해야 나 자신이 행복할 수 있는지 그 길을 찾았다는 점에서는 성공했다고 할 수 있다. 하지만 우리 사회에서 통용되는 '성공'은 내가 말하는 성공과 거리가 있다. 확실한 하나의 단어로 표현하자면 성공의 가장 큰 척도는 바로 '돈'이다.

이러한 기준으로 보면 성공을 누릴 수 있는 사람은 많을 수가 없다. 솔직히 나는 돈을 많이 벌었다고 성공했다고 볼 수 있는지도 의심스럽다. 그 사람은 과연 행복할까? 행복한 삶을 살고 있는 사람이 바로 성공한 사람 아닌가!

나보다 돈을 더 많이 버는 사람도 많고, 사업 수완이 뛰어나고 실력이 월등한 사람도 많다. 나는 그 사람들과 나를 비교하고 싶지 않다. 내가 일하는 분야에서 연 수입 1등을 했는지 10등을 했는지는 중요하지 않다.

"안톤, 솔직히 후회 안 해? 서울에 살면 할 일이 더 많을 거고,

돈도 더 많이 벌 수 있잖아."

광주에 터를 잡고 나서 친구들에게 종종 이런 질문을 받았다. 삶의 목적이 돈이라면 친구들 말처럼 후회할지도 모른다. 하지만 나는 '행복'에 초점을 두었기에 오히려 이런 질문들이 엉뚱하게 들린다. 돈을 조금 덜 벌더라도 가족과 함께 많은 시간을 보낼 수 있는 것이 바로 나의 행복이다.

2018년, 독일의 한 방송국과 함께 한국에 관한 다큐멘터리를 만들다가 K-POP 밴드를 만나게 되었다. 한국 문화를 소개하는 대목에서 그 밴드가 연습하는 영상을 찍고 인터뷰도 진행했다. 마침 러시아월드컵 개막을 앞둔 때였고, 한국 팀과 독일 팀이 예선에서 같은 조에 편성되었던 터라 인터뷰 질문에는 축구와 관련된 것도 있었다. 정확히 기억은 나지 않는데, 한국과 독일이 붙는다면 누가 이기면 좋겠느냐는 질문이었다.

질문을 받고 답하기 전에 가까이에 있는 매니저의 눈치를 살피던 그들 중 하나가 조심스럽게 입을 열었다.

"글쎄요, 1 대 1이면 좋겠어요."

나는 당연히 한국이 이기길 바란다고 이야기할 줄 알았다. 글로벌 팬층을 의식한 것인지, 조금이라도 논란이 될 만한 건 피해가야 한다고 생각한 것인지 인터뷰는 도저히 방송으로 내보내지 못할 수준으로 치달았다. 개인적으로 소망하는 것이 있느냐는 질문에 "세계 평화"라는 진부하고 맥없는 대답이 이어졌다. 결국 인터뷰는 편집될 수밖에 없었고, 연습실에서 보여줬던 당당하고 역동적인 퍼포먼스 영상까지 통째로 걷어내야 했다.

독일에서 록커이자 배우로 활동하며 유명 아티스트로 인정받은 뮐러 베르턴하겐 마리우스Müller Westernhagen Marius[10]는 아티스트의 자질에 대해 인상적인 견해를 남겼다.

"예술가에겐 책임이 따른다. 예술가는 다른 사람의 기대를 충족시켜 주는 것보다 자기 자신에게 더 진실하고 솔직해야 한다. 나 역시 실패보다 성공이 좋다. 하지만 사람들의 기분을 맞추기 위해 글을 쓰거나 음악을 하면 절대 안 된다. 이렇게 하는 사람은 예술가라고 말할 수 없다!"

이 의견에 덧붙이자면 나는 예술가라면 공적인 영역에서도 자신의 의견을 솔직하게 개진할 줄 알아야 한다고 생각한다. 사회적·정치적 메시지를 던질 줄 알아야 한다. 예술가 역시 사회 구성원 중 하나다. 타인의 욕망을 충족해 주기 위해 춤을 추고 노래한다면 과연 그 사람을 아티스트로 인정할 수 있을까?

---

10 1948~. 그의 노래 〈자유(Freiheit)〉는 통일 독일의 국가(國歌)로 알려져 있기도 하다.

연예계의 유명 인사들이 목숨을 끊는 비극적인 소식을 잊을 만하면 뉴스에서 접한다. 엄청난 경쟁을 뚫고 재능을 인정받아 많은 사람들의 관심과 인기를 얻은 그들은 흔히들 말하는 성공의 모든 것을 갖추었다. 남부럽지 않은 부와 명성을 쌓았다. 하지만 그들은 행복하지 않았다. 영혼에 큰 균열이 벌어졌고 파장은 결국 죽음으로 이어졌다.

물론 아티스트의 성공은 까다롭다. 대중에게 자신을 내보이면서 자신의 행복도 챙겨야 하기 때문이다. 공적인 영역과 사생활의 균형은 아슬아슬해 보이기까지 한다. 사회적 잣대의 성공과 대중의 관심에서 조금 비켜나더라도 자신이 진정으로 하고 싶은 음악과 연기를 하고, 솔직한 자기 목소리를 냈다면 어땠을까?

오랫동안 언론 분야에서 활동한 덕에 나는 종종 방송에 출연한다. 프로그램을 녹화하는 현장에서 나는 스스럼없이 내 생각을 말한다. 시사 프로그램에 출연하면 말 한마디에 시청자들의 반응이 극명하게 엇갈린다. 내가 내뱉은 말을 두고 사안에 따라, 이념에 따라 나는 오만 가지 정치색을 띤 이상한 사람이 되기도 한다. 진영이 첨예하게 갈린 한국 사회에서 어찌 보면 말 한마디 꺼내기가 어렵다. 하지만 나는 모호하고 추상적인 표현으로 내 의견을 감추고 싶지 않다. 카메라가 켜졌을 때와 꺼졌을 때 다른 말을 하는 건 상상할 수 없다.

방송국에서도 제3자의 관점을 들려주길 바라며 나를 섭외했고, 나 역시 솔직한 내 의견을 말하기 위해 출연하기로 마음먹은 것이다. 인기를 얻거나 출연료가 욕심나서 카메라 앞에 선 것이 아니다. 외국인이자 언론인으로서 한국 사회에 도움이 되길 바라는 마음으로 내 의견을 밝히고 싶다.

한국은 전 세계에서 인정할 정도로 선진국 반열에 올랐다. 경제적으로도 성공한 나라다. 하지만 행복을 기준으로 삼으면 정말 성공한 나라가 맞을까? 애석하게도 지표상으로는 아니다. 2021년 UN산하 자문기구(지속가능발전해법네트워크SDSN)에서 발표한 〈세계 행복 보고서〉에 따르면 한국의 행복지수는 전체 153개국 중 61위로, OECD 국가 중에서는 거의 꼴찌다.[11] 사회가 내세우는 돈과 성공이 결코 행복을 보장해 주지 않는다는 사실을 증명하는 숫자다.

단언컨대 돈은 인생의 목적이 되어서는 안 된다. 이 진부한 말을 강조하는 이유는 여전히 우리 주변에는 돈과 명성을 좇는 세

---

11 이 보고서에서 의료체계와 그 나라의 GDP 등 국가 시스템, 국력 등과 관련된 수치를 빼고 온전히 개인의 행복에 초점을 맞추면(예를 들어 '당신은 당신의 삶을 선택할 자유가 있는가'와 같은 물음에 대한 답변을 정리하면) 한국은 전체 153개국 중 140위로 최하위 수준이다.

태가 가득하기 때문이다. 불교 신화에는 늘 목마르고 배고픈 아귀餓鬼가 나온다. 아귀는 배는 볼록한데 목구멍이 바늘구멍처럼 좁아서 아무리 먹어도 만족을 느낄 수 없는 고통을 겪는다. 물질적 결핍을 채우려는 사람과 아귀의 다른 점이 있을까? 무조건적인 탐욕에 무슨 기쁨과 행복이 있을까 싶다.

좀 오래된 영화인데 〈페리스의 해방〉(1986)에는 아주 매력적인 '철학자' 페리스 뷸러가 등장해서 스크린을 바라보는 관객들을 향해 이런 말을 건넨다.

"인생은 꽤 빨리 움직여. 가끔 멈춰서 주위를 둘러보지 않으면 흘러가 버려."

지금 당신이 하고 있는 일에서 행복을 느끼고 있는가? 내가 꿈꾸는 행복이 무엇인지, 그리고 그 행복이 정말 내가 바라는 것인지 확인해야 한다. 그저 시간이 빨리 흘러 이 일을 그만둘 수 있는 순간을 기다리고 있다면, 그 시간이 어느새 곁에 와 있을 것이다. 행복을 미처 누리기도 전에.

6. 인생의 선택지에서
출산을 삭제하려는 당신에게

불과 50년 전만 해도 한국은 한 가정에서 평균 네다섯 명의 자녀를 출산하는 나라였다. 지금은 채 한 명을 채우지도 못하는 출산율(2020년 기준 0.84명)을 기록하고 있으니, 너무도 급격한 변화가 아닐 수 없다. 대체 무엇 때문에 한국은 아이를 낳지 않는 사회가 되었을까? 2022년, 한 기업체의 조사[12]를 보니 '육아로 인한 경제적 부담', '사회, 미래에 대한 막막함', '실효성 없는 국가 출산 정책', '일과 가정 양립의 어려움' 등이 원인으로 꼽혔다. 결국 돈과 균형의 문제였다.

---

[12] 〈듀오, 2022 출산 인식 보고서〉의 '미혼 남녀가 보는 저출산 원인'

하지만 나는 고령화에 관한 다큐멘터리를 만들다가 위의 설문조사에서 찾아볼 수 없는 원인을 발견했다. 프로그램을 제작하면서 대학생들을 만나 이야기를 나눌 기회가 있었다. 학생들은 대부분 결혼을 하더라도 아이를 낳지 않겠다고 했다. 자신이 겪은 '교육 지옥'을 대물림하고 싶지 않기 때문이라고 했다. 물론 경제적 현실을 이유로 댄 학생들도 제법 있었다. 하지만 교육 체계를 비판하고 혐오하며 그 때문에 자녀까지 포기하겠다는 발언은 대단히 충격적이었다. 어느 학생은 한국 사회에서 아이를 낳는 것은 비인간적인 일이라고까지 말했다.

고령화 문제를 연구하는 전문가는 가족과의 긍정적인 유대감이 없는 이유를 저출산의 원인으로 꼽기도 했는데, 그 말을 듣고 보니 왠지 모르게 서글퍼지는 기분이 들었다. 인간은 누구나 타인을 보살피고 애정을 주려는 본능을 가지고 있다. 사랑하고 사랑받고 싶은 것은 지극히 자연스러운 욕망이다. 출산율은 낮아지는데, 반려동물을 키우는 가구 수는 급속하게 증가하고 있는 사실만 봐도 알 수 있다. 결혼과 출산을 포기한 많은 젊은 세대들이 반려동물을 기르고 있어, 이제 네 가구 중 한 가구 이상이 반려동물과 함께 살고 있다.[13] 충족되지 못한 어떤 욕구가 반려생

---

13 KB 금융 그룹의 〈2021 한국 반려동물 보고서〉에 따르면 2020년 기준 한국의 반려 가구는 전체 가구의 29.7퍼센트를 차지한다.

활로 나타나는 것이다.

아이를 낳으면 지금까지 유지해 온 일상의 균형을 허물고 또 다른 균형을 유지하는 기술을 터득해야 한다. 나보다 먼저 아빠가 된 친구는 우리 부부의 임신 소식을 들었을 때 농담처럼 이런 말을 했다.

"안톤, 이제 네 인생 끝났다. 하지만 걱정 마. 새로운 인생이 시작될 테니까."

그 말을 들었을 땐 과장이 심하다고 생각했는데, 살아보니 친구의 말이 맞았다.

출산과 양육은 분명 새로운 세계에 발을 내딛는 일이다. 이 낯선 세계로의 모험은 지금까지와는 차원이 다르다. 그곳에서의 삶이 두려울 수 있다는 점은 충분히 이해한다. 나 한 몸, 부부 두 사람이 살아가기도 벅찬 상황에서 아이는 축복보다 커다란 부담처럼 여겨질 수 있다. 내가 만난 대학생들처럼 불행한 과거를 물려주고 싶지 않은 마음도 가질 수 있다. 모든 사람이 결혼을 하고 아이를 낳을 필요도 없다. 하지만 무엇을 선택하든 선택하기 전에 그렇게 하기로 결정한 이유를 여러 번 곱씹어 볼 필요는 있다.

일/가정, 나/타인, 나의 세계/아이의 세계, 나/가족…… 왼쪽과 오른쪽에 나열한 두 개의 단어는 서로 대립할 수밖에 없는 관계일까? 이 두 단어는 저울에 올려 정확히 나눌 수 있는 대상이 될까? 나는 아니라고 단언한다. 저울이 수평을 이룰 수 있도록 50 대 50으로 서로의 영역을 침범하지 않게 조절하면 된다는 생각도 착각이다. 저 단어들은 나누고 무게를 비교할 수 있는 대상이 아니다. 한 몸이다. 서로서로 영향을 주고받으며 스며드는 것이다.

모두가 인생의 고비를 품고 있다. 어느 한쪽의 빛이 유난히 진해지는 순간도 있다. 마주친 문제와 나름의 해결책, 그 두 개의 영역을 오가는 흐름 속에서 삶의 행복과 활기가 갖춰진다.

내 인생에서 팔자에도 없을 것 같은 배우자를 만나고, 아이까지 찾아온다면? 나머지 내 영역의 50퍼센트는 포기해야 하거나 사라질 거라고 예단할 필요는 없다. 그 때문에 결혼과 출산을 인생의 선택지에서 아예 삭제해 버리려는 태도 또한 마찬가지다. 선택은 물론 내가 기준이 되어야 하지만, 순전히 '나만'을 위한 것이라면 재고해 봐야 한다. '내 인생'이지만, 그곳에 '나만'이라는 영역은 존재하지 않는다.

자신이 겪은 지옥을 내 아이에게도 경험하게 하고 싶지 않은 그 절실한 심정은 나도 동의한다. 하지만 그 해결책으로 굳이 대를 끊어야 하는 것인지에 대해서는 의구심이 든다. 지옥이 문제라면 지옥을 없애야지, 왜 아이들을 '없애야' 할까.

7. 스라밸, 우리 모두의 문제

흔히 아이들은 행복으로 비유된다. 이 말이 맞다면 아이들이 점점 사라지고 있는 사회는 행복도 자취를 감추는 곳이 되고 만다. 자녀를 갖기로 결심하는 것은 결코 쉽지 않은 선택이다. 책임져야 할 일들이 많아지고 개인의 자유를 어느 정도 포기해야 하기 때문이다. 하지만 아이를 낳고 기르는 것은 동물적 인간의 본능이기도 하고, 우리 삶의 중요한 목적이기도 하다. 그리고 무엇보다도 나는 자녀를 기르면서 배우게 되는 삶의 의미와 성찰에 큰 의미를 두고 싶다.

아이가 없었다면 나는 인생의 중요한 점을 간과했을 거란 생각이 든다. 사실 나는 내가 내린 결정에 크게 후회하는 사람이 아니다. 지금의 나는 이제껏 살아오면서 내가 내린 모든 결정으로 만들어졌다고 생각한다. '그때 만약 다른 선택을 했다면 어땠을까?' 하는 물음도 좋아하지 않고, 이런 질문에 깊이 생각하지도 않는다. 하지만 단 하나, 살아온 과거에서 다른 선택을 할 수 있는 기회가 주어지길 바라는 것이 있다. 바로 아이를 하나 더 갖는 것이다.

아들을 키우면서 많이 힘들었다. 친가와 처가의 가족이 모두 독일과 서울에 살고 있어 누구에게도 쉽사리 도움을 요청할 수 없었다. 우리 부부 또한 여느 부모가 자녀를 키우면서 겪은 일들을 경험했다. 아이는 많은 것을 요구하고 시간을 빼앗는다. 하지만 그 이상을 돌려준다. 조그마한 핏덩이마냥 겨우 숨을 쉬는 존재에서 한 단계 한 단계 성장하는 모습을 보며 나도 모르게 나의 지난날을 떠올리며 많은 생각에 빠져들었다. 아이가 선사하는 경이로운 순간을 마주하면 어린 나에게 숨어 있던 놀라운 비밀을 발견하는 느낌이 든다. 아이는 나의 스승이 되어 그 비밀이 어떤 모양을 띠고 어떤 빛을 띠고 있었는지 가르쳐 주었다.

아이를 통해 열린 새로운 세상은 내 삶에서 가장 중요한 영역이 되었다. 나 역시 인생에서 가장 소중한 친구를 꼽으라면 부모님을 먼저 떠올린다. 그 누구에게도 꺼내지 못할 이야기라도 부모님과는 나눌 수 있다.

'갈라하드 경Sir Galahad'이라는 필명으로 더 잘 알려진 오스트리아 작가이자 여성운동가인 베르타 헬레네 디너Bertha Helene Diener는 이렇게 말했다.

"시간을 소유have하는 유일한 방법은 시간을 갖는take 것이다."

서점의 쇼윈도 앞에서 본 순간부터 나는 이 문구를 늘 마음에 간직하고 있다. 내게 주어진 시간을 가만히 내버려 두고 싶지 않다. 마음껏 누리고 싶다. 물론 아이들도 그래야 한다고 믿는다. 헌데 아이들이 마음껏 뛰놀고 '아이다움'을 흩뿌리며 다닐 수 있는 세상이 사라지고 있다.

누군가의 표현대로 공부로 경쟁하는 '지옥'이 자리 잡은 것이다. 아이들을 만나려면 학교 운동장이나 놀이터가 아니라 학원으로 가야 한다. 좋은 직장, 좋은 삶을 보장 받으려면 공부해서 성공해야 한다는 논리가 어린아이의 세계에도 작동하고 있는 것이다. 부모가 마련한 성공 전략에 따르면 아이들은 성공할 때까지 '공부 중'이어야만 한다.

"노는 아이의 영혼만큼 고귀하면서도, 이해하기 어렵고, 낯선 존재가 되어 사라져 버리는 것은 없다."

세계적인 문학의 거장 헤르만 헤세Hermann Hesse[14]가 남긴 말이다. 노는 아이의 영혼만큼 아름답고 고귀한 것은 없는데, 그것이 너무 빨리 사라져 버려서 어른의 관점으로 이해하기 어렵다는 뜻이다. 가만히 놔두어도 우리는 성장하면서 놀이하는 영혼을 금세 잃어버린다. 조금만 자라도 낯설어 한다. 놀이 그 자체에 흠뻑 빠져들어 마음껏 놀 수 있는 순수한 시절은 그리 길지 않다. 하지만 어른들은, 부모들은 그 시절마저 기다려 주지 못한다. 아이의 시간을 빼앗는다. 자녀 때문에 자신들의 시간이 빼앗기는 것을 불편하고 억울해하면서도, 아이들의 놀이 시간은 너무 쉽게 빼앗는다.

방학식은 아이들에게 신나고 짜릿한 순간이어야 하건만, 아이들은 방학이 되면 우울해한다. 같이 놀 수 있는 친구들이 없기 때문이다. 공교육 제도에서 아이들에게 굳이 방학이란 시간을 부여하는 이유는 무엇 때문일까? 식물이 잘 자라려면 물과 햇빛이 있어야 한다. 아이들도 마찬가지다. 학원의 형광등 불빛이 아닌 하늘에 뜬 해에서 내려오는 자연적인 빛에 피부를 그을리며 옷을 더럽히면서 놀 줄 알아야 한다. 아이의 의무가 있다면 행복해야 한다는 것, 행복이 무엇인지 느낄 줄 알아야 한다는 것, 그뿐이다. 성공을 위해 공부하는 것은 아이의 몫이 아니다. 지금 우리 사회는 아이들을 경쟁으로 내몰고 있다. 치즈 한 조각이라

---

14 1877~1962. 노벨문학상 수상자인 그의 저서에는 깊은 철학적 사고가 담겨 있다. 헤세는 엄격한 독일 교육 시스템에 반감을 품고 이러한 제도권 교육에 대한 비판 의식을 바탕으로 소설 《수레바퀴 아래서》를 1906년에 발표했다. 소설은 지나치게 성실한 한 학생이 억압적인 교육 분위기로 말미암아 자멸로 내몰리는 이야기를 담고 있다.

도 차지하기 위해 내달려야 하는 쥐들의 경쟁rat race(치열한 생존 경쟁) 속으로.

　물론 인생 전체가 놀이는 아니다. 아이들에게도 기본적인 교육은 필요하다. 그렇다고 모든 아이가 사교육을 받아야 하는 것은 아니다. 부모와 아이는 조건 없는 사랑을 주고받는 관계여야 한다. 그 사랑과 신뢰의 관계를 통해 부모는 아이가 학원에서 배우는 것보다 더 소중한 것을 가르쳐 줄 수 있다.

　내가 종종 아들에게 하는 말이 있다.

　"넌 아빠한테 절대 고마워할 필요 없어."

　네가 태어나고 싶어서 태어난 게 아니고, 엄마와 아빠의 행복을 위해 널 이 세상에 불러왔으니 네 마음속의 빚은 전혀 없다고 말해준다. 다만 아빠로서 널 사랑하고 보호할 의무가 있으니 그 역할에는 최선을 다하겠다고 약속한다.

　자녀에게 충분히 놀 수 있는 시간을 주고, 인생과 세상이 선사하는 경이로움에 대해 이야기해 줄 수 있다면 아이는 한국의 과열된 교육열과 그 시스템에 사로잡혀 있는 아이보다 훨씬 행복한 사람이 될 것이다. 경쟁에서도 뒤처지지 않을 것이다. 인생에서 가장 중요한, 행복할 줄 아는 능력에서 다른 사람보다 훨씬 앞서게 될 것이다.

성인들이 '워라밸'의 가치를 중요하게 받아들이고 있는 지금, 우리 사회에서 그에 못지않게 필요한 것은 바로 아이들을 위한 '스라밸study and life balance'이다. 요즘 아이들은 웬만한 직장인이 일하는 시간만큼 공부한다. 퇴근 차량으로 도로가 막히는 러시아워 시간이 한참 지나고 밤늦게 길이 막히는 곳은 사실 학원가 앞뿐이다.

　나는 노는 시간이 공부하는 시간보다 더 많아지는 불균형이 벌어지길 바란다. 유년 시절에는 절대적으로 그럴 필요가 있다.

　어른들이야 잘못된 환경과 제도에 대해 제 목소리를 낼 힘이라도 있지만, 아이들은 그렇지 못하다. 스스로의 권리를 위해 싸울 수 없다. 세상이 좀 더 밝아지려면 행복할 줄 아는 시민들이 하나둘 생겨나야 하지 않을까? 아이들의 행복을 아이들의 문제가 아닌 우리 사회 모두의 문제로 봐야 하는 이유가 여기에 있다. 놀면서 행복을 만끽한 아이야말로 훗날 어른이 되어 '지옥 속의 아이'가 아니라 '행복한 아이'를 상상하고 염원하지 않을까? 행복한 아이들이 자라나 행복한 어른이 된다는 사실은 자명하다.

2장.
여행, 모험을
꿈꿔야 하는 이유

탐험에 대한 욕망은 인류의 태초부터 사람들을 낯선 곳으로 이끌었다. 새로운 곳을 찾아가고 낯선 것을 경험하고자 하는 갈망은 여전히 우리의 DNA에 내재되어 있다. 나는 잘 알려지지 않은 곳으로 가서 현지인들이 먹는 음식을 즐긴다. 익숙한 여행에서 벗어나 탐험하듯 떠나보자. 발 디뎌보지 않은 곳, 바리게이트 너머에 아직 발견하지 못한 행복이 있다.

1. 우리 안의 노마드

아이가 운다. 엄마는 아이를 들어올려 품에 안는다. 그리고 천천히 팔을 흔든다. 이쪽저쪽으로 멈추지 않고 움직임이 계속되자 아이는 울음을 그친다. 그 움직임에 아이가 편안함을 느낀 것일까? 나는 그렇다고 생각한다. 내 아이가 젖먹이였던 때도 이와 비슷한 일이 있었다.

한밤중에 깬 아이는 울음을 그치지 않았다. 이리저리 달래 보아도 소용이 없었다. 결국 자동차에 태워 동네를 한 바퀴 돌았는데, 아이는 울음을 멈추고 스르르 잠이 들었다. 안정적으로 정착하고 싶은 욕구 못지않게 우리 안에는 자유롭게 방황하고 싶은 본성 역시 내재되어 있다.

인간은 수천 년 동안 유목의 삶을 산 노마드였다. 성지를 찾아 떠나는 순례의 문화는 거의 모든 종교에 있다. 인간에게 여행은 숙명이었다. 내 인생에서도 여행은 빼놓을 수 없는 삶의 일부다. 나는 많은 곳을 찾아다녔다. 오로지 아름다운 풍경을 위해 나선 적도 있고, 나 자신을 충전하기 위해 떠나기도 했다. 어떤 여행은 본래의 나 자신을 발견하기 위한 수행처럼 느껴지기도 했다. 미지의 길에서 나는 익히 잘 알고 있는 나 자신은 물론, 전혀 몰랐던 나를 숱하게 만났다. 그런 느낌이 축적될수록 인생이 이전보다 조금은 더 단련된 기분이 들었다.

부모님은 내가 태어나고 나서 얼마 안 되었을 무렵부터 나를 데리고 여행을 다니셨다. 내 인생의 기억 속 첫 여행지는 북아프리카의 모로코다. 그 전에도 많은 곳을 다녔을 텐데, 모로코의 여행이 가장 선명하고 생생하게 머릿속에 남는다. 다섯 살 정도 됐던 것 같다.

그때의 이미지는 지금도 강렬하다. 터번을 두른 상인과 여행객과 현지인으로 가득한 전통 시장, 민트티의 독특한 향과 맛. 물건을 구경하기 위해 천막 안에 있는 상점(일반 상점이 아니라 텐트 혹은 천막 등 임시로 만들어진 공간으로 기억난다)에 들어서면 상인들은 먼저 차부터 내왔다. 차 한잔하고 나서 물건 값을 흥정하자는 것이었다. 떠들썩한 시장 안에서 드문드문 배운 그 나라 말로 이국의 꼬마가 "깎아주세요"라고 하면 꽤나 잘 통했는지 부모님은 물건 값을 지불할 때면 "안톤, 네가 해봐" 하며 흥정을 시키곤 했다.

사하라사막의 끝도 없는 풍광도 머릿속에 강렬하게 남아 있다. 그곳에서 나는 미아가 될 뻔했다. 우리 가족은 다른 일행과 함께 차 두 대로 사막을 건너는데, 사막 한가운데서 차를 세우고 기념 촬영도 하고 잠시 쉬었다가 출발하면서 나만 홀로 남겨지게 된 것이다. 부모님은 내가 다른 차에 탄 줄 알았다고 한다. 30분이란 시간이 지난 후에야 아들이 없는 걸 깨닫고 부랴부랴 왔던 길을 되돌아가 봤더니, 국제적 미아가 될 운명에 처해 있던 다섯 살짜리 개구쟁이는 제 처지도 모르고 정신없이 놀고 있었다고 한다.

이 여행을 특별하게 떠올릴 만한 충격적인 장면도 기억난다. 우리 가족은 우뚝 솟은 모래언덕 사이의 허름한 여관에서 머물렀는데, 우리가 묵은 방의 창문에서는 뒷마당이 내려다보였다. 늦은 오후에 어디선가 염소 울음소리가 들렸다. 호기심이 발동한 나는 창밖으로 고개를 내밀었다. 땅거미가 내려앉는 가운데 어느 남자가 염소를 뒷마당으로 끌고 가는 모습이 보였다. 남자는 이내 긴 칼을 빼 들더니 재빨리 염소의 목을 그었다. 그 장면도 끔찍했지만, 죽어가는 동물에게서 그토록 엄청난 피가 흘러나오는 것도 놀라웠다. 큰 충격을 받았지만 눈을 뗄 수가 없었다. 사막의 모래가 그 피를 빨아들이며 검붉게 변하는 모습이 지금도 눈에 선하다.

오랜 세월이 흘러, 티브이 프로그램을 촬영하기 위해 방송인 김구라를 비롯한 다른 출연자들과 함께 모로코를 찾았다. 스페인과 가까운 탕헤르라는 항구 도시였다. 촬영을 마치고 저녁 시간이 되어 혼자 구시가지를 산책하고 있는데, 출연자를 우연찮게 만났다. 역사학자 설민석이었다. 우리는 탕헤르의 좁은 구시가지를 거닐다가 오랜 역사가 깃든 찻집에 앉아 부드러운 저녁 바람을 맞으며 민트티를 마셨다.

따뜻한 차 한 모금을 넘기니 나의 오래된 첫 번째 여행에 대한 기억이 물밀듯이 밀려들었다. 나는 그 여행의 기억을 그 자리에서 쏟아내며 그 경험들이 지금의 나를 만들었다는 사실을 새삼스레 깨달았다. 다섯 살배기 개구쟁이가 청년이 되어 한국이란 나라를 무작정 찾아가 가정을 이루고, 다양한 일을 하며 중년의 사내가 되어 다시 기억 속의 첫 번째 여행지인 모로코의 어느 찻집에 앉아 있기까지 순례와도 같은 숱한 크고 작은 여행 속에서 삶의 중요한 결정들을 내렸다는 사실을 말이다.

때로 여행은 우리의 삶을 이전으로 되돌릴 수 없을 만큼 우리를 변하게 한다. 여행을 하며 이제 익숙한 곳으로 돌아가지 못할 것을 예감할 때가 있다. 이전과는 다른 세상을 만나게 될 것이라고 직감할 때가 있다. 어쩌면 바뀌는 건 세상이 아니라 나일 것이다. 때론 스스로 그런 선택을 할 필요도 있다.

　　〈그랑 블루〉는 내가 좋아하는 영화 중 하나다. 볼 때마다 가슴이 찡해지고, 위트 있는 장면도 마음에 들며, 왠지 모르게 신비로운 느낌과 감동을 받는다. 영화의 마지막 장면에서 주인공 '자크'는 다이빙을 하고 바다 아래로 내려간다. 수면 위로 올라와야 할 때가 된 순간, 자크는 잠시 망설이다가 돌고래를 따라 어둠 속으로 들어가 버린다. 영화를 보면서 나는 그의 마음을 이해할 수 있었다. 나 역시 인생의 어느 지점, 어느 순간에서 돌아갈 수 없다는 사실, 돌아가지 않을 거라고 선택한 때가 있다.

　　그 순간은 바로 1994년, 스물두 살에 처음 아시아란 낯선 대륙에 발을 내딛었을 때다. 나는 함께 공부해 보자는 혜원 스님의 초대를 받고 한국으로 가는 편도 비행기 티켓을 끊었다. 하지만 한국으로 곧바로 가기보다 홍콩을 경유해서 천천히 가기로 마음먹었다. 그 당시 내 눈에 홍콩은 동서양의 문화가 녹아 있는 용광로처럼 보였다. 혼재된 문화 속에서 새로운 문화를 창조해 내는 그곳을 얼마 동안 탐험해 보고 싶었다.

일주일쯤 지났을까? 홍콩 부근의 외딴 섬에서 하루를 보내고 나는 홍콩으로 돌아가는 낡고 녹슨 페리를 타고 있었다. 저 멀리 도시의 높은 빌딩들이 시야에 들어왔다. 해가 내려앉는 하늘에서 구름 사이로 가벼운 바람이 불었다. 고층빌딩의 유리창이 황금빛 햇살을 반사해 도시 전체에 비현실적인 기운을 퍼트리고 있었다. 순간, 등 뒤에서 환청처럼 어떤 목소리가 들렸다.

　"너는 돌아가지 않을 거야."

　나는 아시아에서 내 새로운 인생이 시작되리란 걸, 며칠 전까지만 해도 태어나서 지금껏 자란 독일로 이제 쉽게 돌아가지 못하리란 사실을 실감했다. 이후로 숱한 세월이 흘렀지만, 내가 내린 선택에는 변함이 없다. 떠나온 독일로 돌아가서 살지는 않을 것 같다.

2. 못 가본 길에서
마주치는 행복

"나는 길이 없는 곳으로 갈 것이고, 길은 나와 함께 갈 것이다."

베이징의 길가에 있는 중국 음식을 파는 작은 식당에 앉아 이 구절을 읽었다. 낯선 경험을 즐기며, 사람들이 가지 않은 길을 찾아가는 걸 좋아하는 나에게 마음 깊은 곳을 건드리는 문장이었다. 당시 주변 공간에 영향을 받은 탓일까? 나는 이 글이 당연히 중국의 고대 문헌에 나오는 문장인 줄 알았다. 나중에 이 문장은 호주 출신의 시인 조슬린 오트-사이드Jocelyn Ortt-Saeed의 글이라는 걸 알게 됐다.

길 없는 곳으로 떠나는 것. 그것이 바로 여행이자 모험이다. 남들이 가본 적 없는 길. 어떤 모험이 펼쳐질지 모를 그 길. 우리는 벌거숭이 빈손으로 태어났다가 빈손으로 돌아간다. 그 사이의 모든 것은 모험이다. 살면서 쌓아놓은 것들을 챙겨 갈 수 없는 세상, 내 기준으로 생각하면 결국 모두 사라지는 건 엄연한 사실이다. 이 사실이 우리 인생의 대전제로 깔려 있다. 나는 여행을 생각할 때마다 이 대전제를 먼저 떠올린다. 그럼 여행의 진정한 의미를 어렴풋이나마 느끼게 된다.

세상을 살다 보면 늘 두 가지 선택에 놓이게 된다. 유지 혹은 변화. 이 두 개의 가치를 좀 더 구체적으로 표현하면 안전 혹은 자유로 나눌 수 있지 않을까 싶다. 안전함 혹은 자유로움. 안전에 좀 더 많은 가치를 두면 어느 정도 자유를 포기해야 하고, 자유에 비중을 높이면 안전이라는 보호막을 어느 정도 거둬들일 각오를 해야 한다.

성실하게 직장을 다니고 있는 사람은 (월급이 만족스럽든 그렇지 않든) 생활이 안정되고 경제적 안전도 어느 정도 보장받고 있다고 느낄 수 있다. 하지만 얼마나 자유롭게 살고 있는가 하는 관점에서 보면 직장에 얽매여 살고 있다는 말이 된다. 시공간의 자유를 어느 정도 포기하면서 그만큼 안전을 선택한 셈이다. 반대로 사업체를 운영하거나 프리랜서로 일하는 사람은 직장인보다 능동적으로 시간을 보낼 수 있지만, 불안하다고 느낄 수 있다.

여행에서도 안전함과 자유로움의 가치는 공존한다. 떠나기 전부터 모든 일정이 갖춰진 패키지 여행 상품을 선호하는 사람이 있고, 반대로 자유롭게 여행지 이곳저곳을 탐험하듯 다니려는 사람이 있다. 사실 여행의 숱한 순간에 안전함과 자유로움은 의식적으로든 무의식적으로든 반영된다. 그리고 그것들이 모여 삶의 태도가 되고 어떤 삶을 살아가는지 결정짓는다.

해가 갈수록 세상 사는 일이 빡빡하다. 사회적인 갈등도 첨예해지고 두 눈과 귀를 의심하게 하는 끔찍한 사건도 비일비재하다. '생존'이라는 키워드는 경제적·사회적 삶의 우선순위가 되어간다. 요즘 세상에서는 자유로움보다 안전을 선택하게 된다. 그러나 안전은 우리를 경직되고 좀처럼 움직이지 못하게 한다. 철옹성 같은 안전 앞에서 변화나 모험은 불온하고 위험한 선동 문구로 전락한다. 그리고 세상은 점점 안전을 강요하는 쪽으로 변해간다. 자본주의 사회에서는 안전이라는 이미지를 내세우면 더 많은 이윤을 기대할 수 있기 때문이다.

그러나 완벽한 안전은 없다.

"완벽한 안전과 보안을 원한다면 감옥에 가라." 미국 대통령 아이젠하워Dwight David Eisenhower. 1890~1969가 말했다. "옷과 음식도 제공 받고 아프면 의료 서비스도 받을 수 있는 감옥은 완벽하게 안전한 장소다. 다만 한 가지, 자유가 없을 뿐이다."

과학과 기술이 눈부시게 발전하고 있다고 하지만, 죽음은 여전히 삶의 일부다. 태어난 순간 죽음을 향해 다가간다는 사실은 변함이 없다. 거부할 수 없는 이 숙명 앞에서 인류가 이룩해 놓은 첨단 기술의 혜택을 누리며 현재의 만족을 위해 보다 많은 물질을 소유하기 위해 노력하고 안락하게 사는 것도 일견 자연스러워 보인다.

하지만 그런 삶이 행복과 안전을 보장해 줄 수 있을까? 도리어 조금이라도 더 소유하고 안전을 지키려고 하는 강박에 우리 스스로가 통제되고 있진 않을까? 지금 우리가 스스로의 행복과 안전을 내세우며 행하는 많은 선택들이 오히려 감옥을 만드는 것은 아닌지 생각해 볼 필요가 있다. 감옥 짓는 것도 모자라 그 문을 열 수 있는 열쇠마저 안전을 저해할 수 있다며 던져버리는 상황만은 피해야 한다.

"긴장 좀 풀고 자유를 느껴봐요."

안전에 너무 많이 얽매여 있는 사람들에게 한 번쯤은 이렇게 외치고 싶다. 안전의 빗장을 풀고 자유를 느끼기에 여행만큼 좋은 것이 없다. 부유하든 가난하든 죽음의 숙명 앞에서 유일한 차이는 주어진 시간을 어떻게 보냈느냐이다. 달리 말하면 얼마나 많은 것을 경험해 보았는가 하는 물음이다. 성패와는 상관없이 시도해 보았느냐, 아무것도 하지 않았느냐는 인생에 엄청난 차이를 가져온다. 여행은 바로 그 숱한 시도들의 결과물이다.

여행을 앞두고 짐을 싸다 보면 알게 된다. 최소한의 물건을 꾸리다 보면 나에게 가장 필요한 것은 무엇인지, 나라는 사람이 가장 소중하게 여기는 것이 무엇인지 가늠하게 된다. 정말 필요하고 쓸 물건만 챙겨서 떠났다 하더라도 그마저도 사용하지 않고 불필요한 물건들이 있다는 걸 깨닫기도 한다.

내가 가진 물건이 내가 짊어진 배낭 안에 든 것이 전부일 때, 그것만으로도 충분하다고 느껴질 때 비로소 내 마음에 찾아오는 감정이 있다. 인생에서 정말 중요한 것이 무엇인지 깨닫는 순간 찾아오는 안도감이다.

간소한 차림으로 모험에 뛰어든 사람은 성장한다. 과시하고 보여주려는 사람이 아니라 소중한 이야기를 간직한 사람이 되는 것이다. 인생이 모험이라는 사실을 잊고 안전만을 추구하며 살아간다면 절대 발견하지 못하는 것들이 있다.

나는 인생을 모험하듯 살고 싶었다. 죽음을 앞두고 기승전결을 갖춘 하나의 이야기가 될 만한 인생을 살고 싶었다. 어떻게 하면 인생을 자유롭고 활기차게 살 수 있을까 생각해 보니 출퇴근하는 직업이 아니라, 낯선 곳으로 떠나 낯선 경험을 누리는 것이 가장 적절해 보였다. 그래서 그 계획을 실천했다.

물론 모든 사람이 이렇게 살 수는 없다. 이런 삶이 바람직하다고 할 수도 없다. 변화가 두렵고 불안정한 환경이 염려된다면 익숙한 삶을 택하는 것이 낫다. 하지만 자유로울 수 있는 삶의 가능성이 가능성에만 갇혀 있다는 건 애석한 일이다. 앞서 말했듯 죽음은 피할 수 없는 운명이다. 그러한 운명을 염두에 두면 자기 삶의 우선순위를 결정할 수 있다.

어떤 삶을 살든 매일의 삶이 반복되면 일상이 된다. 일상에 익숙해지면 더 이상 매일의 삶이 특별하게 여겨지지 않기 마련이다. 낯선 경험도 하루 이틀일 뿐, 이러한 삶이 익숙해지면 지루하고 따분함을 느끼게 된다.

현대인에게는 그 일상을 왠지 그럴듯하게 가공할 수단이 있다. 바로 SNS다. SNS는 자신의 일상을 공유하고 생각과 느낌을 공유하는 순기능도 있지만, 자신을 가공하고 다르게 꾸며 가짜 인생을 다른 이들에게 보여주는 역기능이 있다. 특별한 순간만 따로 떼어 내면 그럴듯한 인생을 사는 것 같은 환상을 불러일으킨다. 현실에서 '행복하기'보다 온라인에서 '행복해 보이는' 것을 중요하게 여기는 이들이 많을지도 모르겠지만, 나는 그런 환상을 갖고 싶지는 않다. 이 책을 통해 내 삶의 일부를 독자들과 나누고 싶지, 소셜 미디어로 나 자신을 보여주고 싶지 않다.

미국의 소설가 폴 볼스Paul Bowles. 1910~1999는 모험적인 삶을 살았던 사람이다. 미국의 중산층에서 태어난 볼스는 파리를 거쳐

모로코에 정착해서 죽을 때까지 52년을 살았다. 그는 소설《The Sheltering sky》[15]에서 말했다.

"우리는 언제 죽을지 모르면서도 삶을 무한한 우물이라고 생각한다. 하지만 모든 일은 특정한 횟수만큼, 그것도 손에 꼽을 만큼 일어난다. 당신은 어린 시절의 오후를 얼마나 기억하고 있나? 기억에 뚜렷하게 각인되어 그날의 오후가 없었다는 것은 상상하기도 힘든 날은 과연 얼마나 있었나? 나흘? 닷새? 어쩌면 이보다 더 적게 기억하고 있을지 모른다. 당신은 앞으로 보름달이 떠오르는 풍경을 몇 번이나 더 볼 수 있을까? 기껏 스무 번 정도일 것이다. 그런데도 인생의 모든 것은 여전히 무한하게 보인다."

나는 기억나는 오후가 그리 많지 않은 날들보다 아름다운 보름달을 자주 볼 수 있는 인생을 살고 싶었다. 지금도 그러하다. 부지런히 자유로운 삶을 누리고 싶다. 누구든지 죽음 앞에서 인생이란 통장을 열어보게 되면 그동안 미뤄두었던 자유가 얼마나 들어 있는지 알게 된다. 안전한 인생을 사느라 더 이상 쓸모없어진 수많은 선택의 순간은 얼마나 많을까? 모험적인 일상을 살 수 없더라도, 낯선 곳에서 떠오르는 보름달을 최소한 스무 번은 볼 수 있는 여행이 우리에게 필요하다.

---

15 이 소설은 영화로도 제작되어, 국내에서 〈마지막 사랑〉이라는 제목으로 1996년에 개봉됐다.

3. 여행, 갈림길을 넘어서

"안톤, 그 사람과 진짜 결혼해도 될까?"

지금은 그다지 자주 듣는 말은 아니지만 젊은 시절 친구들이 가끔 이런 고민을 털어놓을 때가 있었다. 나의 대답은 예나 지금이나 같다.

"그 사람이랑 너랑 잘 맞는지 알고 싶어? 그럼 같이 여행 가봐."

내가 말하는 여행은 리조트나 호텔에 머무르며 휴식을 취하기 위한 여행이 아니다. 시간을 낼 수 없다면 단 며칠이라도 배낭을 메고 두 발로 걷는 조금 힘들고 불편한 여행이다. 나 역시 지금의 아내와 인도와 파키스탄, 티베트를 석 달 정도 함께 여행했다.

데이트를 할 때면 자신의 가장 좋은 모습을 보여줄 수 있다. 옷차림에 신경 써서 외모를 돋보일 수도 있고, 따뜻한 말로 서로에게 위로와 응원을 보여줄 수도 있다. 하지만 둘 사이의 관계를 데이트만큼 달콤한 시간으로만 채울 수는 없다. 때론 둘 사이의 크고 작은 갈등을 극복하고 털어내야 하는 순간을 마주한다. 여행을 같이하면 아침부터 저녁까지 하루 24시간을 보낸다. 어떤 음식을 좋아하는지, 어떤 습관이 있는지부터 힘든 상황을 어떻게 받아들이고 극복하는지, 함께하는 사람과의 관계에서 무엇을 중요하게 생각하고 어떻게 소통하는지 알 수 있다. 걸러지고 연출되지 않은 실제 모습을 서로 드러내며 균형을 맞춰야만 하는 상황이 생기는 것이다.

굳이 사람과의 관계를 알기 위해 여행이 필요한 것은 아니다. 내가 결정해야 할 여러 갈래의 길 앞에서 고민 중이거나 머릿속이 복잡해서 어떤 선택도 쉽게 할 수 없을 때 여행은 좋은 처방이 된다. 해야 할 일, 신경 써야 할 일에서 한 걸음 뒤로 물러서서 바라볼 수 있기 때문이다. 이리저리 마음의 고삐를 당기는 일상에서 벗어나면 일단 머릿속이 맑아진다. 끝도 없는 현실의 상념이 서서히 열어지며 지금의 나에게 집중하게 된다. 여행하다 보면 어느 순간 머리가 깨끗해지면서 내가 고민하던 문제의 핵심이

또렷하게 보이기도 하고, 그동안 느끼지 못한 나 자신을 만날 수도 있다.

　간혹 나는 아무런 계획 없이 무작정 여행을 떠났다. 무엇을 먹을지, 어디에 묵을지 정해놓지 않고 떠나면 불편하지만 한편으론 그 시간들이 더 생생해지고 자유롭다는 기분이 들었다. 무슨 일이 일어날지 알 수 없는 변수가 많을수록 그런 감정들은 살아나는 듯했다.

　여행은 가끔 모든 사슬에서 풀려날 수 있게 해준다. 본능을 믿고 마음이 가는 대로 움직여 보라. 그러한 믿음은 당신을 가야 할 곳으로 인도해 줄 것이다. 1990년대의 어느 날, 서울에 있는 여행사 사무실에 들어갔다가 책상 위 작은 달력에서 크고 작은 불탑이 끝도 없이 늘어선 사막 같은 대평원이 담긴 사진을 보았다. 가까이 다가가 보니 사진 아래에 '미얀마, 파간'이라는 글자가 쓰여 있었다. 그때만 해도 나는 미얀마라는 나라를 알지도 못했고, 파간이라는 지명도 생소했다. 하지만 그 이미지를 보는 순간, 매료되고 말았다. 미얀마를 여행하고 신비로운 탑들의 평원을 만나보자는 결심을 했다. 예나 지금이나 나는 무작위로, 조금은 충동적으로 여행지를 고르는 경향이 있는데, 이 여행은 내 인생에서 가장 인정이 넘치고 기억에 남는 여행이 되었다.

티베트를 여행하게 된 것도 하나의 이미지에서 비롯됐다. 《론리 플래닛: 티베트》의 책 표지에는 작은 언덕 위에 세워진 탑 사진이 있었다. 그다지 눈에 띄지도 않았고, 그 탑이 있는 곳이 특별히 아름답지도, 유명하지도 않았지만, 그 책을 집어 든 순간에 나는 결심했다. 어디에 있는 탑인지 이름도 알 수 없지만 가봐야겠다고 말이다. 몇 달 후 티베트를 찾아갔고 마침내 그 탑 앞에 서게 됐다. 그곳에 가기까지 많은 사람들에게 손짓발짓을 해서 물어야 했고, 히치하이킹을 하기도 했다. 탑을 마주하고 보니 말할 수 없는 성취감이 밀려왔다. 탑 자체는 그다지 인상적이지 않았고, 주변에 아무도 없었다. 하지만 티베트 어딘가에 있는 작은 탑을 찾아가기로 결심한 순간부터 여기에 오기까지의 여정이 떠오르며 가슴속으로 행복이 물밀듯이 가득 차올랐다. 티베트 하면 라싸에 있는 포탈라 궁전이 먼저 떠오르기 마련이지만, 나에게 이 작은 탑은 그보다 더 의미 있는 여행지가 되었다.

여행 도중에 가끔 특별한 느낌을 받는 순간이 있다. 이른 아침, 눈을 뜨면 밖은 여전히 어둡다. 짙은 암흑에서 서서히 검은 외투를 털어내는 하늘에는 마지막 별들이 반짝이고 있다. 나는 신선하면서도 낯선 향이 배어 있는 아침 공기를 들이마시며 배낭을 짊어진다. 배낭이 어깨를 타고 등에 내려앉는 짧은 순간, 나는 말할 수 없는 특별한 해방감을 만끽한다.

해가 곧 떠오르려는 시간, 나는 나에게 필요한 것들을 짊어지고 어디든 가고 싶은 곳으로 갈 수 있다. 바지 한 벌, 티셔츠 몇 장, 책 한 권과 카메라…… 가방에 든 물건은 그것뿐이고, 세상은 내 앞에 열려 있다. 내 발 앞에는 무수한 길이 놓여 있고, 어느 길을 갈 것인지 결정은 나에게 달려 있다.

편안하고 안전한 곳에서 벗어나 미지의 길로 들어가면 어디로 가게 될지, 그 여정에서 누구를 만나게 될지 모른다. 이러한 여행길에서 많은 것을 배울 수 있다. 사람 사이의 관계, 인생에 대한 지혜 또한 발견하게 된다.

인도에서 여행하며 작은 구멍가게에서 만난 힌두교인이 그랬다. 그저 물 한 병 사려고 들렀던 그곳에서 나는 두 시간 동안이나 서서 가게 주인과 이야기를 나눴다. 힌두교에서 삶의 의미가 되는 '카르마'와 '삼사라'에 대해, 그리고 '바가바드 기타'[16]에 대해 열띤 토론을 하게 되었다.

여행에서 행복하고 즐거웠던 순간들은 놀라운 기억으로 보답

---

16 The Bhagavad Gita. '마하바라타'라고 알려진 인도 고대의 대서사시 일부. 유명한 힌두교 문헌 중 하나로. 기타(Gita)는 전사이자 왕자인 아르주나(Arjuna)와 힌두교의 신 크리슈나(Krishna)와의 대화이다. 크리슈나는 이타적인 헌신의 길이 자아실현, 실존하는 진리의 인정, 그리고 부활과 죽음의 순환으로부터 해방으로 향하는 길 중 하나라고 설명한다.

한다. 나에게 행복이란 무엇인지, 내가 인식하고 있던 행복의 본질을 좀 더 명징하게 깨닫기도 한다. 개발도상국을 배제하고 유럽이나 미국, 일본으로 여행하는 사람들을 간혹 본다. 인도(혹은 다른 가난한 나라) 사람들을 보면 너무 가난해서 그들에게 미안함마저 느껴져 방문하고 싶지 않다는 것이다. 그 사람들은 의도하지 않았겠지만, 나는 이런 태도에서 오만함과 우월감을 본다.

그곳에 사는 사람들의 행복에 대해 과연 무엇을 알고 있기에 그런 생각을 하는 걸까? 어떻게 우리가 그 사람들을 판단하고 동정할 수 있는 것일까?

아내와 처음으로 인도로 여행을 갔을 때였다. 라자스탄의 먼지투성이 도로를 내달리던 버스 여행은 지금도 생생하다. 땅거미가 내려앉는 이른 저녁이 되었다. 버스는 작은 마을에 잠시 멈춰 사람들을 내리고 태웠다. 버스가 휘저은 먼지에 꺼져가는 햇빛이 반사되어 마법 같은 분위기를 자아냈다. 정류장 옆 공터에서 사내아이들이 신나게 공을 차고 있었다. 누더기에 가까운 옷을 입고 머리카락은 흐트러진 채 신발을 신은 아이는 하나도 없었다. 그 아이들을 사랑스럽게 지켜보던 아내가 동정 어린 말투로 말했다.

"애들이 참 예쁜데, 불쌍하다."

나는 되물었다.

"왜 불쌍하다고 생각해?"

아내와 달리 나는 그 아이들이 전혀 안쓰럽지 않았다. 세상 누구보다 해맑게 웃고 마음껏 소리 지르며 공을 차는 아이들이 불쌍해 보이지 않았다. 그 아이들보다 이 시간쯤 학원 버스에 올라 쪽잠을 자고 있을 한국의 도시 아이들에게 더 동정이 갔다. 그 순간 행복은 라자스탄 외곽의 가난한 마을에 사는 아이들에게 있는 것처럼 보였다.

여행이든 인생이든 나를 풍요롭게 하는 것은 결국 얼마나 많은 것을 가지고 있느냐가 아니라 내가 가진 것을 얼마나 여유롭게 나눌 수 있느냐 하는 마음가짐이다. 한국의 여행사 사무실 달력 속 사진에서 비롯된 여행 계획을 실현한 나는 미얀마의 만달레이에서 갑작스러운 소나기를 만났다. 길은 금세 진흙탕이 되어버렸다. 신발이 젖지 않도록 조심하는 것이 쓸모없게 된 그날, 결코 잊을 수 없는 노인을 길거리에서 만났다.

우연히 길에서 마주친 노인은 나를 보며 빙긋이 웃어주었다. 답례의 의미로 내가 살짝 고개를 숙였는데, 그렇게 절을 하는 서양 사람이 신기해 보였는지 노인이 말을 걸었다.

"우리나라가 좋아요?"

"네, 선생님. 미얀마는 멋진 나라입니다."

내가 대답했다. 그 말을 들은 그는 다시 너털웃음을 짓더니 들고 있는 봉투를 나에게 내밀었다. 그러고는 "고마워요"라는 말을 남기고 가던 길을 가버렸다. 호기심에 들여다본 봉투에는 잘 익은 망고가 가득 들어 있었다. 나는 방금 무슨 일이 벌어진 건가 싶은 얼떨떨한 자세로 가만히 서 있었다. 그 시절 나는 돈을 아껴서 여행을 다녀야 하는 가난한 학생이었지만, 그래도 미얀마의 평범한 시민보다 상대적으로 가진 것이 많은 사람이었다. 이렇게 받아도 될까, 뒤늦게 부끄러운 마음이 들었다.

우리가 가난한 사람들보다 더 잘 살고 있고 그들로부터 배울 것이 없다고 생각한다면 대단한 착각을 하고 있는 것이다. 아무런 선입견 없이 그들에게 다가간다면 우리를 기다려 온 소중한 선생님들을 만날 수 있다.

만달레이의 거리에서 노인을 만나고 며칠 후 길가에 있는 작은 식당에 들어갔다. 흐뭇한 마음으로 점심을 먹고 있는데, 그곳에서 어느 시인을 만나 이야기를 나누게 되었다. 처음 보는 나에게 그는 무턱대고 자기 집에서 저녁식사를 하자며 초대했다. 그날 나는 그의 집으로 가 가족들과 함께 저녁을 먹었고, 다음 날 만달레이 주변 지역을 함께 여행했다. 함께하는 길에서 나는 음식 값, 버스 요금을 부담하려고 했지만, 그는 완강하게 거부했다. 여행하며 그의 인생 이야기를 듣게 됐다. 그는 자신이 쓴 시 때문에 2년이나 감옥에 갇혀 있어야 했다.

"그 시는 정치적인 의도로 쓴 게 아니에요. 군부가 내 시를 오해한 거예요."

그는 농담을 곁들이며 방긋 웃었다. 시 한 편 때문에 2년이란 시간 동안 감옥에서 억울하고 모진 순간을 겪은 사람이 맞나 싶을 만큼 그는 늘 기분이 좋아 보였다. 우울이나 자기 연민이라는 개념조차 모르는 사람 같았다. 지금도 눈을 감으면 내 눈에 빈랑[17]으로 물든 이를 내보이며 방긋 웃는 순수한 얼굴이 보인다.

돌아보면 길 위에서 행복을 가르쳐 준 사람은 평범하고 순박한 사람들이었다. 그들은 나에게 얼마나 많이 가졌느냐가 아니라 얼마나 많이 나눌 줄 알고 자신과 주변 세상을 어떻게 느껴야 하는지를 보여주었다.

만약 갈림길 앞에 서서 어디로 가야 할지 확실치 않다면 여행을 떠나라. 어쩌면 그 여정에서 당신이 찾고 있는 답을 찾을 수 있다.

---

17 동남아시아를 비롯한 열대 지방에서 자라는 야자나무의 열매로, 각성 효과가 있으며 씹는 담배와 같은 기호 식품으로 소비된다.

4. 혼자 해야 하는 여행

혼자 여행하다 보면 인간이라는 존재 본연의 외로움과 마주하게 된다. 혼자 와서 혼자 가는 인생의 여정을 실감하는 것이다. 가끔 우리는 혼자라는 사실을 잊는다. 부모 형제와 배우자, 가까운 선후배와 친구에 둘러싸여 있으면 그 시간과 유대감이 계속 지속될 것 같다. 하지만 본질적으로 우리는 늘 혼자다. 그 엄연한 사실은 홀로 떠난 여행에서 깨닫게 된다.

네팔에 처음 갔을 때였다. 아주 외진 산악 지역에서 뭘 잘못 먹었는지 끝없는 복통과 구토, 설사에 시달리며 너무 아팠던 적이 있다. 보다 못한 누군가가 다른 마을에서 의사처럼 보이는 남자를 오토바이에 태우고 데려왔다. 교통과 의료 기반이 열악한 지역에서 그나마 그런 사람을 데리고 온 것은 굉장한 호의였다. 그 남자는 나에게 이런저런 약을 먹이더니 왜 이런 증상이 벌어진 것인지 알 수 없지만, 이틀 후에도 살아 있으면 나은 것이라는 황당한 말만 남기고 갔다. 내가 할 수 있는 일은 아무것도 없었다. 고통에 시달리며 그저 시간이 흐르기를 기다렸다. 낯선 여행지에서, 말도 통하지 않는 사람들 사이에서 죽을 듯이 앓으면서 나는 철저하게 혼자였다.

그 순간은 지갑에 들어 있는 돈도 소용없었다. 건강한 몸, 편안히 쉴 수 있는 방, 아프면 찾아갈 수 있는 병원……. 아픈 와중에도 나한테 필요한 게 무엇일까 궁리하다가 떠올린 것들이다. 여행이나 사는 것이나 비슷하다. 가장 기초적인 것들이 가장 중요할 뿐, 그 외의 것들은 부차적이었다.

참을 수 없을 만큼 외롭고 힘들 때 우리는 자신이 어떤 사람인지 깨달을 수 있다. 어느 누구와도 대화를 나누지 못한 채 외로움과 공포의 한가운데 놓여 있자니 왠지 모르게 명상하는 기분마저 들었다. 불안과 두려움으로 들썩이던 마음이 가라앉고 나는 호흡에 집중했다. 그러자 몸속 깊숙한 곳에서 지금껏 들어보지 못한 소리가 들려오는 느낌이 들었다.

일본 효고현의 사찰에서 1년 동안 수행을 하던 시절에도 고통의 현현을 경험했다. 그 사찰은 근처에 마을도 없는 깊고 깊은 산

속에 위치해 눈이라도 내리면 완전히 고립되는 곳이었다. 먹을 것은 오직 밭에서 직접 기른 채소뿐이었다. 끼니때가 되면 음식을 만들고, 참선하는 것이 매일의 일상이었다. 헌데 밭에서 쭈그려 앉아 일하고, 가부좌 자세로 수행하는 일을 반복하다 보니 얼마 되지 않아 무릎이 말썽을 부렸다. 처음에는 시린 듯하더니 나중에는 뜨거운 못이 천천히 박혀드는 것 같은 끔찍한 통증이 느껴졌다. 하지만 나는 1년 동안 수행하겠다는 나와의 약속을 지키고 싶었다.

1년을 채우고 아픈 무릎을 질질 끌고 병원에 가보니 무릎뼈 사이의 연골이 찢어져 있었다. 두 차례에 걸쳐 수술을 받았다. 더 이상 태권도 같은 무술을 예전처럼 할 수 없게 되었고, 무릎에 힘이 들어가는 운동을 하면 통증에 시달린다. 건강한 무릎이 사라졌지만, 육체적 고통을 이겨낸 기억 덕분에 얻은 것도 있다. 인생의 힘든 순간을 받아들이고 나 나름대로 이겨내는 방법을 터득했다.

어린 시절에는 누구나 악당을 물리치고 세상을 구하는 영웅의 이야기를 좋아한다. 시련을 극복하고 인류를 위한 위대한 임무를 완수하는 이야기는 언제 보아도 흥미롭고 영웅인 주인공과 나 자신이 하나가 된 것 같은 착각도 든다. 도전하고 견디고 극복해 내는 이야기. 나 역시 내 인생의 페이지 곳곳에 여행 챕터를 넣어 다채롭고 흥미로운 서사를 만들어 왔다. 간혹 사는 게 힘들고 몸과 마음이 내려앉을 때 스스로에게 말을 건다.

"이봐, 안톤. 너무 심각하게 생각하지 마! 이 순간도 하나의 모험일 뿐이야."

나의 모험이 마음에 들지 않고, 그 이야기가 만족스럽지 않으면 바꿀 수 있는 힘은 나에게 있다.

한국에 살고 있는 시간이 오래되면서 "이곳에서 계속 살 건가요?" 하는 질문을 받는다.

"글쎄요. 아닐 것 같아요."

언젠가는 짐을 싸서 다른 곳으로 떠나고 싶다. 편하고 익숙한 것들을 뒤로하고 새로운 출발을 해보고 싶다. 지금으로선 그곳이 남미의 어느 나라가 될지 아프리카 대륙의 어디가 될지 모르겠다. 새로운 나라에서 지금까지 겪어보지 못한 문화를 경험하고 싶은 마음은 늘 품고 있다.

프란츠 카프카의 짧은 소설 《법 앞에서》는 법 앞을 지키고 있는 문지기와 그곳에 들어가려고 하는 남자가 등장한다. 험상궂은 문지기는 남자에게 문을 넘어섰을 때의 위험에 대해 경고한다. 남자는 선뜻 들어가지 못한 채 오랜 시간을 문 앞에서 기다린다. 세월이 흘러 죽음을 앞둔 남자는 자기 외에 왜 아무도 이 문을 들어가지 않느냐고 묻는다. 문지기는 그 문은 오직 당신만을 위한 것이었다고 대답하고 문을 닫는다. 짧은 이 이야기에서 뜨끔하지 않을 수 있는 사람은 얼마 없을 것이다. 한 번 사는 인생이라면 문 너머에, 나만을 위한 그 공간에 무엇이 있는지 그 정체를 마주해야 하지 않을까?

5. 몸속 어딘가에 존재하는
탐험가의 기질

한국에 오기 전, 독일에서도 친구들은 나의 엉뚱한 기질을 두고 놀려댔다. 돌이켜 보면 왕성한 혈기를 주체하지 못했던 10대 시절의 나는 아찔한 경험을 찾아다녔던 것 같다. 열두 살 때 스쿠버다이빙 자격증을 땄고, 열세 살에는 수심 40미터 이상 깊은 곳을 잠수해 들어갔다. 줄 없이 암벽 등반에 도전했고, 스카이다이빙도 배웠다. 위험을 즐기고 좋아하는 성향이 다분한 나에게 친구들은 '아드레날린 중독자'라는 별명을 붙였다. 매 순간 맛보는 환희는 짜릿했다. 하지만 말초적인 감각만 좋은 것은 아니었다. 극단적인 경험을 할 때마다 죽음이 얼마나 가까이 있는지, 인생이 얼마나 연약한지 나는 몸으로 깨달았다.

30년 전쯤 일이다. 나는 알프스 산맥에 자리한 프랑스의 발토 랑스Val Thorens라는 스키장을 찾았다. 스키장은 사람들로 가득 차 있어서 속도감과 스릴을 도저히 느낄 수 없었다. 딱 한 번만이라도 혼자서 활강하고 싶은 마음이 간절했다. 하지만 폐장 시간이 되도록 사람들은 줄어들지 않았다. 안전 요원들이 스키장 곳곳을 점검하며 사람들에게 퇴장할 것을 안내했다.

나는 가장 경사진 슬로프에 올라 근처에 있는 작은 동굴을 발견하고 그곳에 숨어 시간이 흐르기를 기다렸다. 기온이 점점 내려갔다. 움직이지 않고 가만히 웅크리고 있자니 체온은 점점 떨어지는 것 같았다. 서서히 산 너머로 해가 떨어지자 하늘은 핏기 잃은 분홍빛을 띠고 안전 요원들도 슬로프 아래로 내려갔다. 끝까지 남은 안전 요원마저 철수하는 모습을 지켜보고 나는 조심스럽게 그곳을 나왔다. 몇 시간 전에는 도저히 상상할 수 없을 만큼 고요가 흘렀다. 바람 소리만 들릴 뿐이었다.

나는 몸이 얼어붙는 것만 같았다. 손가락으로 워크맨의 엉킨 헤드폰 줄을 푸는 것조차 힘겨울 정도였다. 스트레칭하듯 몸을 움직이자 조금씩 피가 혈관을 타고 몸속으로 돌아가는 느낌이 들었다. 몸이 풀린 것을 확인하고 나는 스키를 착용하고 음악 볼륨을 높였다. 산은 분홍빛에서 보랏빛으로 아름다운 그러데이션을 보여주었다. 나는 정상에서 산 아래까지 이어진 텅 빈 비탈을 내려다보았다. 이제 온전히 이곳에서 나만의 시간을 보낼 수 있다. 하지만 한 번의 실수로 사고를 당한다면 누구의 도움도 기대할 수 없었다. 운이 좋으면 아침 일찍 출근한 안전 요원에게 발견될 수도 있겠지만.

위험하고 무모한 짓이었을까? 당연히 그렇다. 하지만 때때로 우리는 금기를 넘어설 필요가 있다. 규칙은 주로 평화롭고 안락한 공동의 삶을 위해 생겨난다. 내가 그 규칙을 지키지 않아서 다른 사람에게 피해를 끼치는 행동은 그 무엇이 됐든 준수해야 한다. 하지만 오로지 나 자신과 관계된 금기와 규칙에는 도전을 해 봐야 한다. 예측할 수 없는 상황에 닥쳐 보면 나 자신에 대해 많은 것을 알게 된다. 사회 규범을 잘 지키는 시민이 아닌 낯선 환경에서 모험가가 되어 보는 짧은 순간의 특별한 경험은 내 삶에서 힘이 된다. 나는 지금도 그날 스키를 탔던 기억이 어제 일처럼 떠오른다. 하늘과 산을 물들였던 빛, 고요한 슬로프를 가르는 스키 날의 아찔한 마찰음, 헤드폰에서 흘러나온 음악 소리는 영원히 잊지 못할 감각이 되어 머릿속에 각인되었다.

결혼을 하고 나서부터는 가족과 함께 여행을 다닌다. 아내와 다니다가 아들이 태어나고 6개월이 지난 뒤부터는 셋이 함께 간다. 아이는 두 살 때 스리랑카로 배낭여행을 다녀왔고, 다섯 살

때는 방글라데시에서 사람들로 빽빽한 열차 위 지붕에 나와 함께 앉아 바람을 맞기도 했다. 어린 시절부터 경험해서인지 아들은 여행을 좋아한다. 나는 아이가 낯선 세상의 다른 문화 속 사람들을 만나는 것뿐 아니라 나처럼 오랫동안 인생에 각인될 강렬한 순간들을 찾아나서는 것도 좋아할까 궁금했다.

몇 해 전 베트남 북부의 고원지대를 돌아다녔던 여행에서 아이의 특성을 발견했다. 당시 우리는 믿을 수 없을 정도로 울창하고 습한 정글 속에서 바깥세상과 연결되어 있지 않은 외딴 마을로 향하고 있었다. 그곳에서는 전기도 쉽게 사용할 수 없었다. 밤에는 작은 발전기를 가동해서 빛을 얻었다. 교통수단도 변변찮았는데, 마침 현지인에게 작은 스쿠터를 빌릴 수 있었다. 우리는 주변을 탐험하듯 돌아다녔다.

그날도 뒷좌석에 아내와 아들을 태우고 내가 스쿠터를 몰았다. 여정을 마치고 마을로 돌아오는 길에 아이가 물었다. 아빠, 엄마를 뒤에 태우고 잠시 자기가 스쿠터를 운전해도 되겠냐는 것이었다. 그때 아들의 나이가 아홉 살 정도 됐다. 나는 아이가 스스로 할 수 있다고 생각한다면 도전해 보는 것이 좋겠단 생각이 들었다. 아내도 선뜻 동의했다.

아들은 제 뜻대로 스쿠터의 손잡이를 잡았다. 예상보다 제법 운전을 잘했다. 하지만 자신감이 너무 넘쳤던 걸까? 사고가 나고 말았다. 자갈이 잔뜩 깔린 가파른 내리막에서 스쿠터는 빠르게 내달리기 시작했다. 내가 속도를 줄이라고 했지만 소용없었다. 앞 타이어가 미끄러졌고 우리 셋은 모두 면도날처럼 날카로운 자갈밭에 나뒹굴게 되었다. 일어나 보니 손이며 팔다리에 생채기가 나고 피가 흐르고 있었다. 다행히도 내동댕이쳐진 스쿠터가 작동되어 마을로 돌아올 수 있었다. 마을에는 의사가 없었고, 그나마 약국이 있어 그곳에서 급한 대로 상처를 꿰매야 했다. 마취도 없이 응급 처치를 하다 보니 그날의 상처는 우리 가족들의 몸에 남게 되었다.

나중에 나는 아이에게 그 여행에서 어느 순간이 가장 인상적이었느냐고 물어보았다. 아이는 자기가 스쿠터를 몰았을 때 벌어진 사고였다며, 자기 팔에 남은 상처도 소중하게 여겨진다고 했다. 그 말을 들으며 나는 내가 생각하는 여행의 진정한 의미가 아들에게 고스란히 전달된 것 같아 흐뭇했다. 아이에게 그날의 기억은 앞으로도 노련한 모험가가 되는 데 아프지만 값진 교훈이 될 것이다.

우리의 인생을 바꿀 수 있는 주체는 우리 자신이다. 아침에 눈을 떴을 때 앞으로의 인생을 지금과는 다르게 살고 싶다면 당신은 그럴 수 있다. 그러지 못하다면 그 또한 당신이 결정한 것이다. 오랫동안 길들인 습관과 소유한 것들을 안전하게 지키고 싶은 바람이 당신을 움직이지 않게 하는 것이다.

"무슨 소리를 하는 겁니까? 자유롭게 살고 싶지 않은 사람이 어디 있어요? 아무리 자유롭고 싶어도 나는 시간도 없고, 돈도 없다고요. 여행은커녕 취직도 쉽지 않아요. 결혼은 애초에 포기했단 말입니다."

이러한 말 또한 사실이다. 현실적인 문제는 커다란 벽처럼 느껴진다. 하지만 나는 이렇게 말하고 싶다.

"소유한 게 별로 없고, 이루어질 게 별로 없으면 포기하기도 쉬워요. 포기하는 게 어렵지 않으면 상황을 더 빨리 바꿀 수 있습니다."

한국에 처음 왔을 때 나는 아무것도 없었다. 당장 오늘밤은 어디서 자야 할지도 몰랐고, 다음 날 끼니는 어떻게 해결해야 할지 난감했다. 몇 년을 그런 불편한 상태로 살았다. 그런데 그런 삶이 계속되니 어느 순간 하고 싶은 일에 집중할 수 있었다. 한국어 연습에 매진했고, 태권도와 택견 등 무술을 연습했다. 그때에 비해 지금 내 삶은 훨씬 편안하고 안정적이다. 하지만 가끔 그 시절, 내가 누렸던 자유가 그립다.

그럴 때면 나는 먼 곳으로 떠난다. 티베트, 파키스탄, 몽골, 온두라스, 방글라데시……. 익숙함과 안락함이란 껍질을 벗고 낯선 곳에 당신을 던져놓으면 당신의 어린 시절 탐험가 기질이 깨어나 당신도 몰랐던 새로운 당신을 만나게 될지도 모른다. 당신도 모르게 숨겨놓았던 자유로운 당신과 반가운 인사를 나눌 수 있을 것이다.

그 끝에 무엇이 있을지 모른 채 광활한 바다와 거대한 산을 여행했던 탐험가들의 DNA를 떠올려 보라. 안전한 계획의 세계에서 한 걸음 벗어나면 평범한 사람들이 느껴보지 못한 또 다른 행복을 경험할 수 있을 것이다.

6. 또 다른 감각의 모험,
음식

여행을 하면 자연스럽게 새로운 음식의 세계를 만난다. 나는 여행지에서 주로 현지 음식을 먹으려고 애쓴다. 그곳 사람들의 옷을 입고, 그들이 즐겨 먹는 음식을 먹으면서 내가 찾아온 이곳을 오감으로 느끼고 싶기 때문이다. 익숙한 것들에서 떨어져 나왔으니 낯선 것들이 내미는 손을 기꺼이 잡는다. 그런 의미에서 보면 여행지의 음식은 새로운 맛을 알게 되는 경험을 넘어 낯선 세계를 탐험하는 것과 같다. 탐험가의 몸에 새겨진 감각은 행복의 또 다른 이름이다.

하지만 한국인들의 한국 음식 사랑은 유별난 데가 있다. 요즘은 어떤지 모르겠지만, 예전에는 가방 안에 고추장, 김치, 라면을 챙겨 가는 사람이 많았다. 네팔에서 히말라야 트레킹을 할 때, 함께 간 스님이 작은 식당에서 이 쌀로 밥을 해달라며 주인에게 무언가를 건넸다. 알고 보니 한국에서 챙겨 온 쌀이었다. 네팔의 밥이 얼마나 입에 맞지 않으면 쌀까지 챙겨 오셨을까 이해가 되기도 했지만, 한편으론 식당의 요리사에 대한 예의도 아닌 것 같고 다른 나라의 음식 문화에 마음의 문을 열지 않는 완강한 태도가 보이는 듯해서 나도 모르게 부끄러움을 느낀 기억이 있다.

독일의 베를린에서 세계육상선수권 대회가 열린 적이 있다. 이 대회를 취재하기 위해 출장을 간 한국 방송국 팀에 합류하여 함께하게 되었다. 2주 동안 머무르면서 나는 이들에게 독일의 다양한 음식을 소개해 주고 싶은 마음에 현지 음식을 먹어보자고 제안했지만, 별다른 호응을 얻지 못했다. 이들은 매일 한국 음식점을 찾았다. 스위스의 미슐랭 레스토랑에서 세 시간짜리 코스 요리를 맛본 한국 친구들 역시 숙소에 돌아오자마자 라면부터 끓여 먹었다. 사실 한국 음식은 낯선 여행지에서 더욱 절실해지는 것 같기도 하다.

하지만 음식이란 새로운 세계를 향한 문이다. 그 문을 굳이 열려고 하지 않는다면 문은 그 상태 그대로 굳고 녹슬어 버리지 않을까? 내가 만난 사람들이 한국을 대표하는 것도 아니고, 낯선 음식을 기꺼이 즐길 줄 아는 한국 사람들이 훨씬 많겠지만, 여행지에서만큼은 새로운 세계로 향한 문을 적극적으로 열고 나가는 이들이 많았으면 좋겠다.

　베트남 중부에 있는 아름다운 고원 도시 달랏은 커피 생산지로 유명하다. 이곳으로 아내와 함께 여행을 간 적이 있다. 해가 떠 있는 동안 우리는 열심히 이곳저곳을 돌아다녔다가 저녁이 되어 작은 식당으로 들어갔다. 개구리부터 비둘기까지 낯선 식재료로 구성된 메뉴가 이국적인 분위기를 물씬 풍겼다. 우리는 식사를 하면서 술을 곁들였다. 작은 병에 담겨 따뜻하게 데워져 나오는 술은 한약처럼 무엇인가 진한 맛이 느껴지면서도 입에 잘 맞았다. 아내도 거부감 없이 잘 마셨다. 우리는 어느새 네 병을 비우고 한 병을 더 주문했다. 그러자 주방에서 요리사가 나왔다. 대체 누가 자신이 담근 술을 이리도 잘 마시는지 궁금했던 것이다.

　우리는 요리사와 간단하게 영어로 대화하며 술 맛이 굉장히 좋다고 칭찬했다. 그는 어떤 술인지 보여주고 싶다며 우리를 주방으로 안내했다. 그곳에 들어가자마자 아내는 비명을 내질렀다. 2미터는 족히 되는 술단지 안에 셀 수 없을 만큼 수많은 뱀들이 우글거리고 있었던 것이다. 평소에도 뱀을 몸서리칠 만큼 싫어하는 아내는 거의 쓰러질 듯이 몸을 가누지 못했고, 나도 눈앞의 광경에 충격을 받았다. 우리는 지금도 그 순간을 이야기하며 웃음을 터트린다. 무모한 도전과 기분 좋은 입안의 느낌, 예상하지 못한 반전의 경험은 우리에게 잊지 못할 추억이 되었다.

한밤중 동굴에서 썩은 해골 물을 마셨다는 원효 스님의 이야기는 정신적 깨달음뿐 아니라 미각적 차원에서도 되새겨 볼 만한 일화다. 때로는 무엇을 먹고 마시는지 식재료를 알려주지 않고 오직 감각으로 느껴보는 것이 좋을 때가 있다. 식재료를 알려주고 괜한 선입견을 심어주면 경험할 마음조차 사라지기 때문이다. 나는 한국을 찾는 외국인들에게 해파리냉채 요리를 대접한다. 그들은 맛과 식감을 신기해하면서 좋아한다. 만약 내가 음식을 먹기 전에 해파리를 얇게 썬 것이라고 말해준다면 대부분은 아예 맛볼 생각을 하지 않을 것이다.

입맛에 잘 맞는 술이 뱀으로 담근 것이란 사실을 알게 된 아내와 해파리라는 낯선 바다 생물체로 독특한 식감이 나는 음식이 만들어진다는 사실을 알게 된 외국인은 어쩌면 그 뒤로 평생 뱀술과 해파리냉채를 먹지 않을지도 모른다. 하지만 눈과 코와 입으로 경험한 순간의 탐험은 낯선 세계와 낯선 문화를 이해하는 자산이 될 것이다.

아버지는 내가 어릴 때부터 요리를 가르쳐 주셨다. 아버지는 전문 요리사도 아니었고, 특별한 비법을 전수해 주신 건 아니었다. 스테이크를 구울 때 어떤 프라이팬을 쓰면 좋은지, 불 조절은 어떻게 하면 되는지 아주 기본적인 것들만 알려주셨다. 진짜 요리는 일본의 절에 머물러 있을 때 배웠다. 먹을 것을 직접 기르고 수확해서 음식을 만들다 보니 자연스레 얻는 것이 많았다. 두부도 직접 만들고 표고버섯도 직접 재배해서 수확했다. 오븐 같은 요리 도구가 있는 것도 아니어서 장작을 땐 불로만 요리를 했다.

매 끼니를 준비하는 데 만만찮은 품이 들었다. 음식도 수행 과정의 하나였다. 먹는 일에 대한 숭고한 마음이 절로 들었다. 씨앗 하나에서 밥상에 오르는 음식이 되기까지 얼마나 많은 시간과 노력이 필요한지 깨달았다. 요리는 음식에 대해 감사하는 마음에서 시작되었다. 요리 역시 인생을 살아가는 방법과 다를 것이 없었다. 기본을 기르고 간단한 기술을 터득하면 그다음은 어떤 식재료든 상상력과 창의력을 발휘해 새롭게 발전할 수 있다. 물론 그 과정에서 크고 작은 시행착오를 각오해야 하지만.

이런 기억들 덕분인지 나는 요리를 즐긴다. 모로코에서 맛본 타진 냄비로 만든 요리를 집에서 가끔 가족들에게 선보이고, 일본의 사찰에서 만들었던 것처럼 우메보시를 재현해 보기도 한다. 매실이나 보리수 같은 열매로 술 담그는 것도 좋아한다. 여행지에서도 기념품을 사기보다 시장에서 향신료를 사는 걸 좋아한다. 집에 돌아와 나만의 방식으로 새롭게 탄생한 요리들을 보면서 여행의 추억을 떠올리는 재미가 쏠쏠하다.

우리 집은 부엌이 중심이다. 집에 들어서면 넓은 싱크대와 조리대(아일랜드 식탁) 그리고 커다란 식탁이 먼저 보인다. 이곳은 잠자는 시간을 제외하고 내가 집에서 가장 많은 시간을 보내는 곳이기도 하다. 집을 설계할 때 건축가는 내가 왜 그렇게 넓은 부엌을 원하는지 이해하지 못했다. 짐작 가는 바가 있어 그에게 요리를 즐겨 하지 않느냐고 물어보니 요리는 늘 아내가 한다는 대답을 들었다. 나는 그럼 걱정 말고 큰 부엌이 될 수 있도록 설계해 달라고 부탁했다.

요즘은 요리를 좋아하고 즐기는 사람이 많아졌다. 나는 사람들이 개방형 주방을 좋아하는 이유를 충분히 이해한다. 음식을 만드는 사람이나 음식을 먹을 사람 모두 음식이 만들어지는 과정을 지켜보며 이해하는 즐거움과 설렘이 있기 때문이다. 요리를 지켜보는 것만으로도 그것이 어떤 변화를 거쳐 완성되는지 알게 되며 음식과 내가 연결되었다고 느낄 수 있다. 그런 의미에서 나는 여성이나 요리사 같은 특정인이 아니라 남성은 물론, 아이들도 요리를 해야 한다고 생각한다. 기왕이면 밖에 나가서 먹기보다 집에서 함께 요리하고 나누는 경험을 쌓는 것이 좋다. 서로의 관계가 더 깊어질 것이다.

요즘은 외식이 일상이 되었고, 배달 앱을 통해 음식을 주문해 먹는 것도 흔한 일이다. 코로나19 바이러스 유행은 이 상황을 더 악화시키고 있다. 음식과 나의 거리는 너무나 멀어졌고, 심지어 단절되기까지 했다. 배달 앱으로 음식을 소비하는 경우, 전화를 하거나 인사를 나누는 일도 없다 보니 인간적인 소통까지 사라졌다. 내가 먹을 음식을 배달해 주는 사람과도 대면하지 않는다.

마술처럼 문 앞에 놓여 있는 음식, 음식을 만드는 것과 소비하는 것 사이에 어떤 유대감도 남아 있지 않는 음식에 어떤 이야기를 빚어 넣을 수 있을까? 내게 마법처럼 나타난 이 음식은 먹거리에 대한 존중도, 감사도 담지 못하는 흑마법의 결과일 뿐이다.

더구나 한국 음식은 해가 거듭될수록 특별한 감각을 잃어가고 있는 것 같다. 맛과 향이 너무도 자극적이다. 처음 한국에 왔을 때에 비하면 음식점 내부는 훨씬 화려하고 세련돼졌다. 음식에 맞춰 조명과 테이블의 연출도 미각을 깨우고 근사한 분위기에 젖게 한다. 하지만 음식의 맛과 질이 그만큼 좋아졌는지는 의문이다. 좋은 재료로 오랜 시간을 들여 정성스럽게 음식을 만들던 식당들도 점점 사라지고 있다.

내가 자란 독일 북부에는 고유한 사투리가 있었는데, 젊은 사람일수록 그 사투리를 말하지 않는다고 한다. 부모님 역시 나에게 그 사투리를 가르치지 않았다. 어쩌면 지금 그곳에 살고 있는 세대가 사투리를 기억하는 마지막 세대가 될지 모르겠다.

음식 문화도 마찬가지다. 기억되고 전수되지 않으면 사라지고 만다. 이미 많은 옛 문화가 사라졌다. 김치가 한국의 고유한 음식이라고 하지만, 김치를 제대로 담글 줄 아는 사람은 해가 갈수록 줄어들고 있다. 김장을 하기보다 만들어진 김치를 사 먹는 사람들도 많아졌다. 전통 요리 전문가가 아니더라도, 세대와 세대를 거쳐 김치를 담그는 방법이 가정에서 잘 전수되었으면 좋겠다.

고유한 음식 문화는 무엇과도 바꿀 수 없다. 내가 한국을 사랑하는 이유에도 음식이 빠지지 않는다. 한국에 살면서 한국 음식을 먹지 않고 또 요리하지 못한다면 얼마나 이상한 일인가. 낯선 문화를 이해하고, 낯선 이를 받아들이는 데 음식만큼 훌륭한 교과서는 없다.

7. 여행에 버금가는
요리의 힘

요리를 잘하기 위해서는 먼저 좋은 음식을 많이 경험해 봐야 한다. 아버지는 그런 면에서 훌륭한 스승이었다.

"파리에 가서 맛있는 음식을 먹자!"

열두 살 때 아버지와 나는 이 계획을 곧바로 실행에 옮겼다. 이틀 정도 파리에 머물면서 고급 레스토랑에서 저녁을 먹었다. 엊그제 저녁에 뭘 먹었는지 기억이 가물가물하지만 30년도 더 된 그날 그 레스토랑의 실내 분위기가 어떠했는지, 서빙을 보던 웨이터가 무슨 말을 했는지 지금도 생생하게 기억하고 있다.

나 역시 아들에게 그런 경험을 심어주려고 노력한다. 자주는 아니지만, 다양한 음식 문화와 예절을 알려 주고 싶어 때로는 코스 요리를 선보이는 레스토랑을 일부러 찾아간다. 예약을 하는 데 몇 달을 기다려야 하는 곳도 있다. 이런 곳에서는 요리사가 정한 메뉴로 식사를 마치는 데 몇 시간이 걸리기 때문에 매너와 인내심이 중요하다. 다만 그런 곳에 가기 전에 꼭 약속을 받아두는 것이 하나 있다. 좋아하는 음식이든 아니든 남기지 않고 다 먹는 것이다. 아이가 좋아하는 음식만이 아니라 다양한 맛을 경험하게 하고 음식과 음식을 준비하는 사람을 존중하는 것을 배울 수 있도록 해주는 것도 부모의 의무라고 생각하기 때문이다. 다양한 맛을 경험하게 하고 고급스러운 장소에서 예의를 지키도록 가르치는 것은 학원에서는 배울 수 없는, 인생 전반에서 필요한 기술이다.

나는 출장이 잦은 편이라 음식점을 자주 이용한다. 하지만 집에 있는 날이면 직접 요리를 한다. 식재료를 사서 요리를 하고 나면 음식점의 가격에 고개가 갸웃해진다. 집 밖에서 사 먹는 음식 가격을 따져 보면 집에서 해 먹는 요리와 별반 차이가 없어 보인다. 심지어 사 먹는 요리가 더 싼 경우도 있다. '대체 어떤 재료를 쓰는 거지?' 하고 의구심이 절로 든다. 요 몇 년 사이 음식 주문량이 엄청나게 증가했다고 한다. 가격도 싸고, 설거지할 일도 없으니 주문해서 한 끼 먹는 것이 편리하겠지만, 가족과 함께 요리를 만들고 먹는 즐거움을 따라갈 수는 없다.

나는 자녀에게도 요리를 가르치는 일이 굉장히 중요하다고 생각한다. 아이가 영어를 배우는 것보다 요리하는 법을 익히는 일이 더 중요할 수도 있다. 우리는 매일 영어로 소통하는 환경에 노출되어 있지 않지만, 하루 세 끼는 챙겨 먹는다. 자신의 먹거리를 다루는 기술은 살아가기 위해서 반드시 익혀야 한다. "사랑은 위장을 통해 온다Liebe geht durch den Magen"는 독일 속담이 있다. 굳이 설명하지 않아도 무슨 뜻인지 알 것이다. 우리는 요리를 잘하는 사람이 더 사랑받고 있는 시대에 살고 있지 않은가.

물론 음식만 중요한 것은 아니다. 여행이든 출장이든 외국에 나가면 현지의 향신료와 함께 내가 꼭 사 오는 것이 현지의 술이다. 술은 음식 문화에서 상징적 존재다. 우리 집에는 내가 외국에서 사 온 술과 선물 받은 술 등을 따로 모아놓는 바가 있다.

친구들과 우리 집에서 밥을 먹게 되면 나는 바에서 술을 한 병 꺼내 온다. 그리고 그 술에 얽힌 이야기, 술을 가져온 그곳에서 경험한 이야기를 들려준다. 이런 의식은 어느새 친구들 사이에는 우리 집 방문의 흥미로운 의식이 되어 식사가 끝나면 친구들은 내가 무슨 술을 내올지 은근히 기다린다. 북한에서 가져온 술, 코끼리 똥으로 담근 남아프리카에서 찾았던 진은 맛도 맛이지만, 그에 얽힌 이야기가 재미있지 않을 수 없다. 그렇게 나의 여행과 모험담을 친구들과 술잔을 기울이며 공유한다.

　집 안에 어스름이 깔릴 때쯤 재즈 음악이 들리고 와인 한 잔 따르는 소리가 들리면 내가 요리할 시간이 시작되었다는 뜻이다. 장을 봐둔 재료들을 다듬고 프라이팬에 불을 올리면 나도 모르게 몸에 활력이 솟는다. 가족들과 함께 먹을 요리를 만드는 동안 오늘 하루 쌓였던 스트레스가 날아가는 기분이다. 요리책을 사서 본 적도, 요리 학원을 다녀본 적도 없지만 오랫동안 요리하면서 알게 모르게 내 요리 실력은 발전했을 거라 생각한다. 자주 장을 봐서 제철 식재료가 무엇인지, 어떤 것이 잘 익었는지 식재료를 보는 안목도 생겼다.

　내가 머릿속으로 조합해 낸 소스를 만들고 가족들이 맛있어 하는 모습만 봐도 행복하다. 후식으로 아이스크림 위에 민트 잎을 올리고 핑크색 후추를 뿌려 식사를 마무리하면 기분도 상쾌해진다. 아들 역시 나름의 요리법을 한창 개발하고 있다. 요리를 해보고 그 즐거움을 가족들과 함께 나누면 어렵지 않게 행복을 만끽할 수 있다. 요리가 지닌 마법 같은 힘이다. 이렇듯 가족의 특별한 문화가 서로를 더욱 돈독하게 하고 건강하게 만들어 주는 것은 두말할 필요가 없다.

3장.
집을 사는 행복,
집에 사는 행복

오래전부터 한국을 집이자 고향처럼 느껴왔지만, 확실히 뿌리를 내렸다고 느낀 건 우리 집을 지었을 때가 아니었을 까 싶다. 언제든 돌아갈 수 있는 곳, 가족들과 함께 평온함 을 느끼고 내 삶의 서사가 온전히 담겨 있는 곳. 하지만 빠 르게 변하고 있는 한국 사회에서 점점 찾아볼 수 없는 공 간이기도 하다.

1. home 혹은 house,
당신이 지금 거주하는 곳은

영어의 'home'과 'house'는 한국어로 '집'으로 번역되지만 실제 그 의미는 확연하게 갈린다. home은 정서적 의미의 공간, 포근하고 아늑한 보금자리의 개념인 반면 house는 건물 자체, 물리적 공간으로서의 집을 의미한다. '집'이라는 말을 들었을 때 당신은 어떤 이미지가 먼저 떠오르는가?

아마 home의 의미를 떠올리는 사람이 많을 것이다. 나에게도 집이란 나와 가족의 시간이 쌓이고 함께 나눈 마음이 깃든 공간이다. 그런 의미에서 집은 성이 되기도 한다. 힘들고 거친 바깥 생활에서 돌아와 편히 쉬고 보호받을 수 있는 안전한 공간이다. 집은 몸과 마음이 쉴 수 있고 삶을 살아가는 용기와 힘을 충전할 수 있는 곳, 때론 상처 입은 영혼을 치유하는 곳이어야 한다.

한국에 정착하고 굉장히 낯설었던 것 중 하나는 집의 의미였다. 예나 지금이나 한국 사람들에게 집은 곧 부동산, 투자 대상이라는 인식이 강하다. 물리적·정서적 의미와는 별개로 집값이라는 등식이 하나 더 있다. '집'은 곧 '값'이 되어 어느 지역의 집값이 얼마나 뛰었느냐가 초미의 관심사가 된다. 집의 얼굴에는 가격, 숫자 명찰이 붙여진다.

집의 이미지가 주택이 아니라 아파트로 떠오르는 것도 이상하지 않다. 아파트를 사고파는 것이 곧 돈을 버는 지름길이다 보니 어떤 아파트에 살고 있느냐가 한 가정의 경제적 형편을 규정하는 잣대가 되기도 한다.

독일에서도 당연히 투자의 개념으로 집을 사는 사람들이 있다. 하지만 그런 사람들은 일부에 지나지 않는다. 아파트를 원하는 사람들도 많지 않다. 한국에서 그토록 자주 듣는 질문, "집값이 얼마나 올랐어?"는 독일에서 한 번도 들어보지 못했다. 아마 집값을 제대로 알고 있는 독일 사람은 드물 것이다. 독일에서는 집을 구매하는 사람과 임대하는 사람의 비율이 엇비슷하다. 임대하더라도 10년 이상 거주할 수 있는 집이 많다. 집을 구매하고 난 다음에도 가격이 오르든 내리든 별 신경을 쓰지 않는다. 중요하지 않기 때문이다. 집은 투자해서 돈을 벌기 위한 곳이 아니라

111

사는 곳이라는 인식이 박혀 있기 때문이다.

살기 위한 집은 내 삶의 방식과 가치관이 잘 맞아야 한다. 사람들은 사소해 보이지만 각자에게는 굉장히 중요한 이유로 나름의 기준을 삼아 집을 구매한다. 한적한 교외를 찾기도 하고, 지어진 지 몇백 년 된 집을 구하기도 한다. 바닥의 재질이 나무인지 돌인지 유심히 살펴보는 사람이 있는가 하면, 바닥과 천장의 높이가 얼마나 되는지가 선택의 중요한 기준이 되는 사람도 있다.

사람들은 자기만의 장소와 공간을 찾는 데 신경을 쓰고 그렇게 인연을 맺은 집에서 되도록 오래 거주한다. 집을 보는 기준은 향후 가격이 오를 거라는 기대가 아니라 나와 가족이 행복한 시간을 만들어 갈 수 있는 공간인가 하는 고민이다.

한국 사람들은 이사를 자주 간다. 요즘은 법이 바뀌었지만 2년 혹은 4년마다 이사 주기가 찾아온다. 집이 있더라도 자기 집을 놔두고 전셋집에 살면서 이사를 다닌다. 집은 사고파는 물건이라는 인식이 강하기 때문이다. 처음에 나는 한국에서 이사를 자주 가는 현상도, 이사철이라는 이사업체의 성수기가 있다는 사실도, 이사 가기 좋은 날이 따로 있다는 것도 이해하지 못했다. 하지만 이젠 한국만의 독특한 주거 문화를 잘 알게 되었다.

이사를 자주 하다 보면 집은 '잠시 머무는 공간'에 지나지 않는다. 이런 문화 탓일까? 자동차를 사고 나서도 내부 포장필름이나 보호필름을 바로 떼지 않는 사람들을 자주 봤다. 차를 구입하고 한참이 지나는데도 그대로 두는 사람도 있다. 그 이유가 궁금해서 물어보니 나중에 다시 팔 수도 있어서 그러는 거라고 한다. 유독 흰색 차를 선호하는 것도 제일 잘 팔리는 차이기 때문이다.

무엇을 사든 몇 년 후에 팔 거란 걸 감안하는 경우가 많다. 물건이든 집이든 진짜 내 것이 아니라고 생각한다. 사긴 샀지만 나는 잠시 관리하는 것이고 다른 사람에게 팔 수도 있다는 걸 염두에 두는 것이다. 누군가를 만나 사귀면 헤어지는 것부터 생각하는 것과도 같다. 이런 관계가 온전한 마음을 주고받는 관계일 리는 없다. 관리만 하는 집에 마음을 내주고 정을 붙이기는 힘들다.

독일에서는 이사를 자주 하지도 않았지만 누군가 이사를 간다면 친구들이 모두 출동했다. 이사 가는 트럭을 빌려서 누군가는 운전을 하고 누군가는 짐 나르는 것을 함께했다. 어렸을 때 부모님도 그랬다. 이사하는 친구가 있으면 "오늘 우리 가족 모두 거기 가서 이사하는 일을 거들자"라고 하셨고 실제로 그렇게 했다. 이사 간 집에 가구나 짐 등이 어느 정도 자리 잡으면 친구들과 작은 파티를 연다. 옛집을 떠날 때도, 새 집에 들어올 때도 친구와 함께한다. 첫날을 친구와 함께한 집은 언제나 그들을 맞이할 준비가 되어 있다. 나만의 집이 아닌, 친구들을 향해서도 열린 공간이 되는 셈이다.

한국에서도 친구들을 집에 초대하는 문화가 있다. 이사하고 나서 집을 깨끗하게 정리한 다음 대접하는 점은 독일과 다르다. 음식을 차려놓고 말끔한 공간들을 보여준다. 이전 집과 비교해서 크기가 얼마나 달라졌는지, 아파트 브랜드가 무엇으로 바뀌었는지 집에 대한 이야기가 이어진다. 그러고 나서 친구의 집에 초대되는 일은 좀처럼 벌어지지 않는다.

2. 서울이라는
환상 속의 집

한국에는 '모로 가도 서울만 가면 된다', '말은 나면 제주로 보내고 사람은 나면 서울로 보내라'라는 속담이 있다. 〈시골 쥐와 도시 쥐〉라는 이야기가 〈시골 쥐와 서울 쥐〉로 번역되기도 한다. 한국인에게 서울은 도시의 상징이고 성공의 장소다. 서울에서도 강남의 아파트에 살고 있다면 더 바랄 것이 없다. 그래서인지는 몰라도 이제 한국인들은 대부분 도시에 살고, 서울과 인접한 수도권에 인구의 절반이 산다. 아파트에 사는 사람도 인구의 절반 중 한 명꼴이다.

'구치Gucci' 가문의 마우리치오 구치와 결혼해서 남편을 표적으로 삼고 청부살인을 사주한 전 부인 파트리치아 레기아니 Patrizia Reggiani는 "자전거를 타고 행복한 것보다 롤스로이스 안에서 우는 게 낫다"는 말을 했는데, 서울살이가 중요한 한국 사람들에게 이 말은 '다른 곳에서 행복한 것보다 서울에서 불행한 것이 낫다'는 말로 바꿀 수 있을 것이다.

하지만 서울은 가족이 살기에 좋은 도시로는 좋은 평가를 받지 못한다. 국제적인 도시 랭킹에서도 하위에 속한다.[18] 서울에 사는 사람들은 별로 행복하지 않지만, 서울에서만 행복하지 않을 뿐이라고 생각하는 것 같다.

서울에는 한국을 상징하는 것들이 참 많다. 가장 높은 빌딩이 있고, 서열이 높은 대학들이 있으며, 웬만한 기업의 본사들이 자리 잡고 있어 그 덕에 경제 활동뿐만 아니라 문화 생산과 소비 활동의 기회도 많다. 그러나 행복한 사람들이 많은지는 의문이 든다. 행복이라는 가치보다 돈, 과정보다 결과를 더 중요시하는 분위기가 강하기 때문이다. 서울에서 힘겹게 살고 있지만, 서울을 벗어나면 더 힘들어질 거라고 걱정한다. 물론 개인마다 다른 선택을 할 수 있다. 인생은 늘 선택의 연속이다. 나 역시 이곳에서의 삶을 정리하고 자연 친화적인 아프리카의 조용한 시골로 갈 수도 있고, 사업을 더 확장해서 큰 돈을 벌기 위해 유럽의 번화한

---

18 2020년. 독일의 이사 서비스 기업 무빙가(Movinga)가 전 세계 주요 도시 150개를 대상으로 '가족이 살기 좋은 도시'를 평가한 결과 서울은 107위를 기록했다.

도시로 이사할 수도 있지만, 대한민국의 광주에서 사는 선택을 했다. 가족의 행복을 가장 먼저 생각하고 내린 선택이다.

독일에서도 많은 사람들이 도시에 살고 있지만, 그에 못지않은 사람들이 시골에 살고 있다. 서울처럼 어느 한 도시가 각광을 받는 일도 드물다. 오히려 좋은 성과를 만들고 시골로 내려가는 일도 비일비재하다. 유명한 기업체들의 본사들도 소도시에 있다. 기업의 70~80퍼센트 정도가 지방에 본사를 두고 있다. 아디다스와 푸마 본사는 헤르초게나우라흐Herzogenaurach라는 인구가 채 3만 명이 안 되는 도시에 있다. 폭스바겐은 인구가 15만 명이 안 되는 볼프스부르크Wolfsburg에 있다. 기업용 소프트웨어 분야에서 세계 최고로 꼽히는 독일의 SAP사의 본사도 수도 베를린에서 남서쪽으로 600킬로미터 넘게 떨어진 발도르프Walldorf라는 작은 도시에 있다. 반대로 한국에서는 지역에서 번창한 기업들의 본사가 모조리 서울로 올라왔다.

대한민국이라는 나라를 단기간에 발전시키기 위해 지방 대신 서울을, 중소기업보다 대기업을 우선시한 정부의 정책과 부동산 투기가 빚은 기형적인 발전, 여기에 부자가 되고 싶은 개인의 욕망까지 더해지면서 서울은 화려하고 세련된 욕망의 도시가 되었다. 하지만 이제 진정한 행복, '삶의 질'을 높이는 관점에서 서울을 새롭게 바라보고 지방 도시와의 균형을 생각해 봐야 한다. 행복은 나뿐 아니라 나와 타인, 나와 세상의 균형과 조화에서 이루어지듯이.

중국의 철학자 장자의 일화 중 거북이가 등장하는 이야기가 있다. 장자가 강가에서 낚시를 하고 있는데, 초나라 왕이 보낸 사신들이 찾아왔다. 나라의 중요한 자리를 맡아 일해달라는 것이었다. 장자는 낚싯대를 늘어뜨리고 뒤도 돌아보지 않은 채 말한다.

"초나라 왕께서는 죽은 지 3천 년이나 된 거북을 신령스럽게 여겨 궁 안에 두고서 숭앙하신다는데, 과연 그 거북은 죽어서 비단을 몸에 두른 채 받들어지기를 원했을까요? 아니면 살아서 진흙 속에 꼬리를 끌며 살기를 원했을까요?"

사신들은 당연히 후자를 떠올렸을 것이다. 장자는 자신 역시 살던 곳, 살던 진흙 밭에서 자유롭게 꼬리를 끌며 살고 싶다고 답한다.

아무리 경제적으로 부유한 삶을 살더라도 자유로움과 행복을 느끼지 못하면 소용없다. 소박하고 단순한 일상에서 오히려 술한 행복을 맛볼 수 있다. 사람들 또한 잘 알고 있다. 하지만 여러 단서를 달고 서울을 벗어나지 못한다. 행복이 자신의 목적이라면 목적지가 꼭 서울이어야 할 필요는 없다. 나만의 꿈을 다시 한번 꼼꼼하게 생각해 보고, 서울이 아닌 길을 따라가 보는 것도 나쁘지 않다는 이야기를 하고 싶다.

3. '나' 없는
무색무취의 공간

공간과 마음은 생각보다 깊이 연결되어 있다. 가령 나는 집 안이 어질러져 있으면 왠지 모르게 불편하다. 시간을 들여 청소하고 정리하면 마음이 개운해진다. 커튼이나 조명으로 집 안 분위기만 바뀌어도 기분이 달라진다. 나는 집에 마음이 깃들어 있다고 생각한다. 꼭 집이 아니더라도 사람을 끌어들이고 품어주는 공간이 있다.

다른 사람에게 매료될 수 있듯이 어떤 지역이나 공간에도 흠뻑 빠져들 수 있다. 정말 오래전에 알았던 사람마냥 너무 편안하고 오랫동안 머물고 싶은 곳이 있는가 하면, 어떤 곳은 불편하고 답답해서 당장이라도 벗어나고 싶다. 내 일상의 베이스캠프와도 같은 집이 편안하지 않다면 정착한 느낌이 들지 않고 마음이 붕 뜬 채 떠날 궁리만 하게 될지 모른다.

어린 시절, 내 일상에서 집은 너무도 특별한 공간이었다. 집 안에서 많은 경험을 했고, 특별한 추억을 쌓았다. 길에서 주운 밤을 가져와 마당에 심기도 했다. 신기하게도 그 밤은 지금 20미터가 넘는 나무로 자랐다. 독일에 가서 그 집을 지나갈 때마다 나무를 바라본다. 길가에서 바라볼 수밖에 없는 까닭은 그 집은 이제 우리 집이 아니기 때문이다. 하지만 열두 살 때까지 살면서 마당에 심은 그 나무만큼은 나의 나무라 여기고 싶다.

열두 살은 애매한 나이다. 어린이도 아니면서 그렇다고 청소년으로 끼워넣기에도 왠지 망설여지는, 경계에 있는 시기다. 그때문인지 유년 시절의 멋진 무대가 되어준 함부르크의 옛 집은 나에게 너무도 소중한 공간이다. 얼마 전 부모님이 집을 팔고 다른 집을 구하고 있다는 소식을 들었다. 자식들과 함께 살지 않고 나이는 드는데 집이 크면 관리가 힘들다 보니 좀 더 아담하고 편안한 곳을 찾고 계신다. 독일을 떠난 이후로 그 집에 머무른 시간은 1년에 몇 번 되지 않았지만, 안타까웠다. 우울했다.

"안톤, 넌 20년 넘게 떠나 있었잖아."

부모님은 말씀하셨다. 비록 나는 살지 않지만 그곳은 나의 또다른 시간이 새겨진 장소다. 독일 그리고 부모님과 함께한 추억이 쌓인 곳이 사라진다니 몸속에서 무엇인가 툭 하고 끊어지는 기분이다. 한 시절이 잘리는 것처럼 서글프다.

집에 가면 그 집에 사는 사람을 알 수 있다. "네 집을 보여줘. 그럼 네가 어떤 사람인지 말해줄게show me your house, I tell you who you are"라는 말도 있지 않나. 우리 집에 오는 사람들은 여과 없이 나를 엿본다. 여행을 자주 가는구나. 스칸디나비아 디자인을 좋아하는구나. 예술 작품을 모으는 취미가 있구나. 집에 놓인 물건만 봐도 내 취향을 짐작할 수 있다. 거실과 연결된 넓은 주방, 문이 없는 차고가 마당으로 연결되어 있고 담이 없는 마당, 창에 커튼이 달려 있지 않는 걸 보고 또 무엇을 가늠하게 될까? 집을 통해 나의 성격과 인생관, 삶의 태도가 고스란히 드러나게 된다.

집을 통해 자신을 드러내는 일은 자연스럽기도 하지만, 생각보다 쉬운 일이 아니다. 값비싸고 유명한 물건으로 나를 내보이는 건 쉽다. 하지만 개성 있는 집을 만들려면 감각이 있어야 하고, 스타일이 확실해야 하고, 무엇보다 자신감이 있어야 한다.

광주에서 집을 짓기 전, 타운하우스 단지를 보여주는 모델하우스에 간 적이 있다. 우리 가족을 맞아준 분은 이것저것 설명을 해주며 선택할 수 있는 옵션이 무엇인지도 알려주었다. 그리고 덧붙이는 말이 이후 옆에 들어설 단지에는 옵션이 아예 없다고 했다. 이유인즉 사람들이 선택하기를 원하지 않는다고 했다. 선택 자체를 귀찮아 한다는 것이다.

한국 사람들은 왜 선택하기를 싫어할까? 조심스레 짐작하건대, 자신의 취향에 대한 자신감이 없기 때문이 아닐까? 어느 타일이 좋은지, 집 안 분위기에 맞춰 벽지는 어느 재질에 무슨 색으로 할지, 조명은 무엇으로 할지 나 자신의 개인적인 취향을 고려한 세세한 선택에 익숙하지 않은 탓이 아닐까?

몇 년 후 집값이 올라가고 나서 팔 생각이라면 더더욱 개인적인 선택을 고려할 필요가 없다. 미래를 계획하지 않은 공간에 일부러 공을 들이고 싶지는 않을 테니까. 투자 목적으로 산 아파트에 자신만의 취향을 반영할 수 있는 사람이 얼마나 될까? 더구나 많은 것이 기성품처럼 구비된 '빌트인' 아파트라면 선택할 것도 별로 없다. 구조가 같은 옆집과 다른 점은 소파 색깔 정도뿐일지도 모르겠다.

아주 가끔 지인들의 집을 갈 때가 있다. 자주 있는 편은 아닌데, 가서 놀랄 때가 있다. 옷차림과 차에 굉장히 신경을 쓰는 사람인데, 집 안은 의외로 평범하다. 무색무취의 취향이랄까, 여느 집과 다른 개성이 보이지 않는다.

우리 집 거실엔 중국에서 건너온 가구가 있다. 집안의 역사가 깃든 장이다. 19세기 말, 우리 가문은 중국에 거주했다고 한다. 조상 중에 무역업에 종사한 분들이 있는데, 프로이센이 청나라에게서 받은 조계지(한시적 식민지)인 칭다오로 간 것이다. 가족 모두 그곳에서 살다가 중국에서 외세를 배척하는 '의화단 운동'이 일어나자 신변의 위험을 느끼고 자녀들만 먼저 배를 타고 함부르크로 돌아왔다. 부모들은 집과 사업이 정리되는 대로 따라가려고 했는데, 그만 목숨을 잃고 말았다.

그때 아이들이 탄 배에 함께 실려 온 것이 바로 이 가구다. 신기하게도 이 가구는 한국에 터를 잡은 나에게까지 흘러들었다. 중국에서 독일로 갔다가, 다시 중국과 이웃한 한국으로 온 것이다. 그 가구를 볼 때마다 집안의 역사가 어렴풋이 느껴진다.

독일에선 그렇게 전해지는 물건들이 많다. 이러한 물건 역시 집을 만드는 중요한 요소다. 나 또한 이 가구를 아이에게 물려줄 것이다. 외국에 살고 있는 나에게 이 가구는 내가 어느 독일인 집안에 뿌리를 둔 사실을 떠올리게 한다. 우리 집 안에 깃든 이런 물건들은 하나하나가 소중하다. 조금 과한 표현일지 모르겠지만, 나는 내가 아끼는 물건에는 내 영혼도 어느 정도 연결되어 있다고 생각한다.

어릴 적 나는 열쇠를 갖고 다닌 기억이 없다. 우리 집은 항상 열려 있었고 누구나 드나들 수 있었다. 교사였던 부모님은 오후까지 학교에 근무하셨다. 학교에서 돌아온 나는 열쇠 없이 집으로 들어갔고, 제 집처럼 드나드는 친구들과 어울렸다. 그 기억 때문인지, 지금 광주의 집에는 손님방을 따로 마련해 두었다. 편하게 쉬고 잠을 잘 수 있는 공간이다. 음식점에서 만나 음식만 먹고 헤어지는 것보다 집에 와서 내가 요리해서 대접하고 시간에 구애받지 않고 어울리는 것이 좋다. 아들의 친구들도 종종 놀러 온다.

처음 한국에 왔을 때는 유목민처럼 살았다. 하숙집에서도 머물렀고, 친구 집에도 잠시 신세를 졌고, 절에서 스님과 함께 지내기도 했다. 그러다 아내를 만났고 신혼집을 얻었다. 20평 안팎의 작은 집이었다. 향교에서 결혼식을 마치고 가족들, 친구들과 신혼집으로 들어가 조촐한 피로연을 했다. 코딱지만 한 집에 30명 넘는 사람들이 모였는데, 즐겁게 놀았다. 그렇게 5년을 살다가 지금 집을 짓기 전에 아파트로 옮겨 갔다. 그곳에서도 친구들을 자주 불렀다. 친구뿐 아니라 친구의 친구도 찾아오게 됐는데 잘 어울렸다. 우리의 관심을 끄는 축구 경기와 선거 개표 방송이 있을 때면 한자리에 모여 음식을 먹으며 즐겼다. 함께하는 문화는 내겐 아주 익숙하다.

한국 사회에서는 사람들을 초대하고 서로 어울리는 '집 안in-house 문화'보다 '집 밖out-house 문화'가 우세한 것 같다. 굳이 구분하자면 그렇다. 한국 사람들은 집 안에서 만나기보다 카페나 레스토랑에서 만나는 걸 좋아한다. 여자친구나 남자친구가 생겨도 집으로 초대하지 않고 밖에서 만난다. 어린 시절부터 나는 여자친구가 생기면 으레 집으로 초대해서 함께 지냈는데, 한국에서는 결혼 전까지 절대 집 안으로 들이지 않는 분위기가 크다. 부모님께 소개하지 말라는 의미다. 요즘 뉴스에서 심심찮게 보도되는 끔찍한 치정사건을 보면 누군가를 집 안으로 들인다는 것이 부담스러운 일이 되고 있는 것 같다. 한편으론 이해도 된다. 하지만 내 인생에서 소중한 인연을 맺고 싶은 마음이 든다면 내 공간을 보여주는 일도 괜찮을 것 같다. 음식점에서 만나면 맛있는 음식을 먹고 이야기를 나누기만 하면 된다. 힘들여 요리를 하고, 뒷정리를 하고, 설거지를 하고, 청소할 필요가 없다.

하지만 그 과정을 함께하는 일을 번거롭고 힘들다고 생각하면 그 사람을 어떻게 평가할 수 있을까? 학력, 직업, 재산을 기준으로 그 사람을 재단할 것인가? 나의 집에 초대해서 그 사람과 함께 지내는 시간이 낯설지 않고 편안한 일상처럼 느껴진다면 우리 집도 그 사람을 긍정적으로 바라보고 있다는 신호로 봐도 좋을 것이다. 나를 온전히 드러내고 사람들과 관계를 만들어 가는 곳이 바로 집이다.

4. 내가 마당을
포기할 수 없었던 이유

농경사회의 후손인 우리에게 땅에 무언가를 심고 수확하는 행위는 너무도 자연스러운 일이었다. 그 유전자가 많이 남아 있는지, 나이 든 분들 중에는 아담한 집 한 귀퉁이에 스티로폼 화분을 들여놓고 채소를 심고 가꾸는 분들이 많다. 더 부지런한 분들은 자기 땅이 아니더라도 빈 땅을 그냥 놔두지 않는다. 재미있는 사실은 남의 땅에 농작물을 심고 가꾸는 일이 불법이긴 하지만 농작물은 그걸 재배한 사람의 소유물로 인정받는다는 것이다. 제아무리 땅 주인이라고 해도 누가 심어놓은 채소를 함부로 뽑아낼 수 없다.

농작물을 심고 가꾸는 것만으로도 자연을 느끼고, 계절의 변화를 실감할 수 있다. 어린 시절 나는 마당이 있고 나무들이 자라는 집에 살았다. 봄이 되어 땅을 뚫고 나오는 새싹에 매년 감탄하고 어느 나무가 꽃이 가장 먼저 자라고 사라지는지 관찰했다. 달팽이들이 서로 싸우는 모습만 봐도 시간이 가는 줄 몰랐다. 사과나무에 올라가 잘 익은 사과를 따 먹고, 블루베리, 라즈베리 등 나무딸기류 열매를 손에 쥐고 입에 털어넣었던 기억이 난다.

작물이 자라고 과실이 익어가고 꽃이 피고 지는 모습을 눈여겨보는 것만으로도 배울 수 있는 것은 많다. 자연의 순환 속에서 따뜻함과 희망이란 단어를 느낄 수도 있다. 어린 시절부터 자연과 가깝게 지내야 하는 이유다.

하지만 요즘 도시 속에 사는 아이들은 다르다. 공원에 나가 나무를 만지려고 해도, 돌멩이를 쥐어보려 해도, 잔디밭에 누우려고 해도 부모들에게 제지받는다. "지지"라는 말과 함께. 고양이를 만져도 "지지", 강아지를 만져도 "지지", 자연은 위생적으로 더러운 것, 위험한 것이 되고 만다.

자연은 왠지 나와 대립되는 것, 조심해야 하는 것이라는 인식이 무의식 속에 심어진다. 그러면서 자연을 보호하고 사랑해야 한다는 교육을 받는다. 뭔가 모순되지 않는가? 무의식은 때론 의식보다 강렬하게 작용할 수 있다.

내가 집을 지을 때 가장 중요하게 생각한 것 역시 자연이었다. 마당이라는 공간에서 자연에게 받은 감동이 얼마나 소중한지 알기에 나는 아들에게도 그 감정을 느끼게 해주고 싶었다. 시간의 흐름과 자연의 순환을 느낄 수 있는 추억이 있어야 한다고 생각했다.

우리 집 뒷마당에서는 수박도 자라고, 고추도 익어가고, 감자도 자란다. 저녁 식사를 준비하다가 상추가 필요하면 아이에게 상추를 따달라고 한다. 후식으로 아이스크림에 얹을 민트가 필요할 때도 마찬가지다.

올해는 어떤 작물을 심어볼까 아이와 함께 의논도 한다. 생각보다 쑥쑥 잘 크는 채소도 있고, 실패하는 채소도 있다. 하지만 자연과 함께하는 이 모든 경험이 행복한 경험이자 소중한 공부라고 생각한다.

우리 부부가 광주에 터를 잡은 이유도 바로 이 때문이다. 서울에 자리를 잡으면 돈을 벌 수 있는 기회가 더 많을 것이다. 하지만 우리에겐 더 중요한 가치가 있었다. 결혼하고 아내와 우리 인생에서 무엇이 중요한지 리스트를 만들어 봤다. 우리의 경제적 사정을 기준으로 서울에 살면서 누릴 수 있는 것과 광주에 살면서 누릴 수 있는 것을 비교했다. 광주에 살면서 행복할 수 있는 일이 더 많았고, 어디에서 살 것인지 결정하는 데 주저하지 않았다. 중요한 이유 중 하나는 우리가 가진 돈으로 서울에서는 마당 딸린 집을 구하기 어려웠지만, 광주에서는 가능했다.

모든 것을 누리고 살 수는 없다. 행복은 때로 선택의 문제이기도 하다.

사람들은 주말이 되면 교외로 향한다. 자연을 보러 가는 것이다. 하지만 주말에 잠깐 보는 자연은 함께 살아가는 자연과는 다르다. 늘 곁에 두고 바라보고 함께하는 일상의 존재가 아니다. 서로가 서로에게 방문객이 되는 관계에 가깝다. 나무와 텃밭이 있는 집에는 벌레도 자주 드나들고 새들도 들어온다. 탐스러운 블루베리를 절반이나 먹어 치우고 무화과까지 탐을 내는 욕심쟁이 직박구리 손님도 있다. 지난해 왔던 새 부부가 새끼와 함께 다시 찾아온 적도 있다. 아파트에 살 때 이런 이웃들이 얼마나 그리웠는지 모른다.

자연이라는 이웃은 큰 의미의 가족이다. 함께 살아가니 가족이 맞다. 자연과의 관계가 이러한데, 사람과 사람 사이의 관계도 마찬가지다. 마음으로 주고받는 것, 서로를 배려하는 연습을 자연 속에서 배울 수 있다. 마당은 분명 사람다운 사람을 키우는 스승이다.

한국 사람들은 한국을 소개할 때 사계절을 갖춘 자연 환경을 자랑스럽게 이야기한다. 하지만 계절을 누리는 일에는 인색한 것 같다. 과장을 덧붙이자면 한국의 가정에는 여름과 겨울이 늘 공존한다. 여름에는 집 안이 겨울처럼 춥고, 겨울에는 여름처럼 덥다. 인간을 제외하면 자연의 모든 구성원들은 여름의 강렬한 햇빛과 겨울의 혹독한 추위를 이겨낸다. 계절을 느낀다는 건 그 시기의 온도와 습도, 비와 눈 모두를 경험하는 것이다. 인류의 조상들은 그 자연 안에서 밭을 갈고 땅을 일구어 왔다.

한국 또한 수천 년 동안 농경 사회를 이루었다. 우리 선조들이 자연과 연결된 삶을 산 것은 당연하다. 지금도 남아 있는 옛날 양반집, 고택에만 가 봐도 자연과 조화를 이루어 낸 탁월한 미적 감각에 감탄하게 된다. 하지만 현대 사회에서 급속한 도시화가 진행되었고, 이제 인구의 80퍼센트 이상이 도시에 살고 있는 오늘의 한국 사람들에게 농부의 DNA가 발현될 기회는 별로 없어 보인다.

많은 한국인들이 살고 있는 아파트는 어느 모로 봐도 자연과 어울리지 않는다. 아름다운 산 능선을 눈으로 좇다가 갑자기 시야를 막는 거대한 아파트 단지는 외계 행성에서 내려앉은 우주선 같다.

그렇다고 자연과의 소통이 단절된 집의 역사가 그리 긴 것은 아니다. 1960년대만 해도 집들은 대부분 흙과 나무로 벽을 세우고 갈대나 볏짚을 엮어 지붕을 만들었다. 한옥도 많았다. 하지만

'새마을운동'이 시작되면서 주택 건축은 극적인 변화를 겪었다. '낡고 오래된 건 나쁜 것, 새로운 건 좋은 것'이라는 등식은 집짓기 문화에 큰 영향을 끼쳤다. 오랜 시간 이어진 인간과 자연의 관계 역시 급하게 단절되었고 자연은 피해야 하는 것, 차단해야 하는 무엇이 되었다.

자연과의 소통이 단절된 채 학업 성적에만 얽매인 아이들에게 자연을 받아들이는 일은 부차적인 일이 되었다. 오직 공부에 집중할 수 있도록 실내 환경이 갖춰져 있으면 그만이다. 그렇다고 밖에서 뛰어놀지도 않는다. 집 안에서 게임이나 유튜브는 거추장스럽게 밖에서 노는 것보다 훨씬 자극적이고 흥미진진하다.

아이들은 누구보다 호기심이 많은 존재인데 그 기회를 차단당한 채 아름다운 세계를 경험하지 못하는 것 같아 안타깝다. 그럼에도 나는 자연과의 유대를 간직한 한국 사람의 뿌리가 깊다는 사실을 안다. 너무 급하게 걸어온 길을 되돌아보며 무엇이 중요한지를 다시금 떠올릴 수 있는 회복력이 언젠가 발휘될 것이라고 믿는다.

5. 집 안에 있는 사람이
베풀어야 할 미덕

한국에 들어온 지 얼마 안 되어 스님과 공부하던 때의 일이다. 추석 연휴가 되어 며칠 쉴 수 있게 되었는데, 문득 설악산에 오르고 싶었다. 가을 설악산이 아름답다는 이야기를 많이 들어왔는데 그때까지 가본 적이 없었다. 모처럼 등산을 계획하긴 했지만 제대로 준비하지 못했다. 작은 담요와 물, 요기할 수 있는 음식을 배낭에 넣고 산에 올랐다. 한참을 올라가는데, 산길이 끊겨 있었다. 그렇잖아도 북적이는 등산객들과 떨어져 호젓하게 산에 오르고 싶었던 터였고, 발길이 뜸한 낯선 곳을 향한다는 모험심이 발동해 그쪽으로 발을 내딛었다.

　몇 시간을 더 올랐을까? 어느새 날은 저물고 있었다. 아무도 없는 산에서 잘 생각을 하니 걱정이 들기보다 온몸이 짜릿했다. 운이 좋게도 아름다운 일몰을 볼 수 있는 바위 지대를 발견하고 그곳으로 갔다. 한동안 노을에 정신을 빼앗겼다가 잘 자리를 찾아보는데, 작은 렌트가 보였다. 렌트 앞에는 턱수염을 기른 도사처럼 보이는 노인이 앉아 있었다. 사람들을 피해 산에 올랐지만, 어둠이 내리는 산 정상에서 누구를 만나니 반가운 마음이 들었다.

인사를 건네는 나에게 노인은 렌트가 어디 있냐고 물었다. 당시에는 한국말이 서툴러 나는 손짓과 표정으로 의사를 표현했다. 내가 없다고 하자 이런 날씨에 어떻게 렌트 없이 잘 생각을 하느냐며 자기의 렌트 안으로 들어오라고 했다. 나는 당시 젊고 이런 식으로 잠을 자본 경험도 여러 번 있던 터라 자신 있었지만, 그의 말에 따랐다. 밤이 되자 온도는 급격하게 내려갔고 설상가상으로 강한 비까지 흩뿌렸다. 노인의 렌트에서 함께 자지 않았더라면 치기 하나로 설악산에서 비바크Biwak를 하려던 외국인 청년에게 어떤 일이 벌어졌을지 아무도 모를 일이다.

낯선 손님을 환대하는 문화는 어느 나라에나 있다. 한밤 설악산에서 내가 받았던 배려처럼. 언어가 통하지 않아 노인과 나는 별다른 대화를 나누지 못했다. 이름조차 묻지 않았다. 하지만 그가 호의를 베풀지 않았다면 체온이 내려간 나는 목숨을 잃었을지도 모른다. 이후에도 나는 한국에서 많은 환대를 경험했다. 사람들은 이방인인 나에게 많은 것을 베풀어 주었다.

2015년과 2016년에 걸쳐 독일은 시리아를 비롯한 여러 나라에서 100만 명 이상의 난민을 받아들였다. 유럽에서도, 독일 내에서도 굉장히 중요한 결정이었다. 찬성과 반대, 논란이 거듭되는 가운데 앙겔라 메르켈Angela Merkel 총리는 "우리는 해낼 것이다!Wir schaffen das!"는 유명한 말을 남기고 대담한 결정을 내렸다. '모든 인간은 존엄하다'는 독일의 헌법 정신에 따라 이방인을 받아들이기 위해 빗장을 여는 모습을 보며 나는 새삼 독일인이라는 사실이 자랑스러웠다.

난민들보다 2천여 년 전에 독일 땅을 밟은 로마의 명장 율리우스 카이사르는, 독일의 부족들과 적으로 만나 전투를 벌였다. 하지만 그는 게르만인들의 환대만큼은 인정했다.

"누군가 어떤 이유로 그들의 땅을 밟더라도 게르만인들은 문을 열고 그를 맞이할 것이며 위험으로부터 보호해 줄 것이다. 그리고 그들의 삶을 함께할 것이다."

오랜 시간이 지났지만 독일의 난민 정책을 보면 카이사르의 말은 지금도 유효한 것 같다.

하지만 2018년, 예멘 난민들이 제주도에 왔을 때 이들을 바라보는 한국 사람들의 태도는 많이 달랐다. 제주도에 도착한 난민 560명으로 인해 한국에서는 '난민법'에 관한 사회적 논쟁이 벌어졌고, 청와대 국민청원 게시판에 올라온 '난민신청 허가 폐지' 청원에는 71만 명 넘는 사람이 동의 버튼을 눌렀다.

난민들을 잠재적 테러리스트로 간주하는 사람도 있었고, 거리로 나서 시위를 하는 청년들도 있었다. 모든 한국 사람이 반대한 것은 아니었다. 이들에게 머물 곳과 식사를 제공하는 시민단체도 있었고, 음식을 만들어 주고 심지어 숙박비까지 보태주는 제주도민들도 있었다. 하지만 난민 신청을 한 484명 중 단 2명이 난민으로 인정받았고, 412명이 인도적 체류를 허가받았다. 나머지 사람들은 한국 바깥으로 발길을 돌려야 했다.

환대란 내가 이익을 얻으려 하는 행동이 아니다. 도움이 필요한 사람에게 손을 내미는 것이다. 폭풍우 속에 서 있는 사람에게 문을 열어주는 것이다. 조금 더 안전한 곳에 머무른 사람들의 의무이기도 하다. 한국의 역사에서도 전쟁이나 박해로 고국을 떠나 외국에서 유랑해야 했던 이들이 참 많았다. 구한말과 일제 강점기 시절 더 나은 삶을 찾아 30만 명이나 되는 조선인들은 중국과 러시아 땅으로 흘러들었다. 제주 4·3사건이 있고 나서 많은 수의 제주도민들은 배를 타고 일본으로 넘어가기도 했다. 고국을 떠나 다른 나라로 피신을 해야 했던 우리의 역사를 잊지 말아야 한다.

내가 자란 1970~80년대 함부르크는 커다란 항구 도시인 동시에 수십 개의 작은 마을들이 함께 살아가는 공동체였다. 만나면 서로 인사를 나눴고 숟가락 개수까지는 아니지만 옆집 사람이 무엇으로 생계를 꾸려가는지는 알았다. 필요할 때마다 손길을 주고받는 것이 자연스러웠다. 광주로 내려와 처음에 자리 잡은 방림동에 살 때 나는 함부르크가 많이 떠올랐다. 방림동은 방림마을이란 단어가 더 어울리는 곳이었다. 지금은 동네 분위기가 어떻게 변했는지 모르겠지만, 내가 살던 때에는 골목 어귀의 평상에는 늘 사람들로 가득했다. 함께 앉아 바람도 쐬고 햇볕도 쬐면서 두런두런 이야기를 나누는 모습을 자주 볼 수 있었다.

한번은 어머니가 독일에서 우리 집을 방문하셨다. 한국의 치킨 맛을 보여드리고 싶어 동네에 있는 치킨집에 들러 포장해 달라고 주문했다. 그곳에 있던 동네 사람들이 나를 보며 알은 척하며 반가운 말을 건넸다.

"요새 어머니 와 계신다며?"

물론 내가 외국인이라 눈에 자주 띄었겠지만, 우리 집 소식이 동네 사람들의 뉴스거리가 될 줄은 몰랐다.

방림마을의 따뜻한 경험도 아파트로 이사한 뒤로 추억이 되고 말았다. 아파트에 살면서 나는 2년이란 세월이 지나고 나서야 옆집 사는 이웃과 인사를 나누었다. 불과 20센티미터의 경계를 두고 나란히 살고 있었는데 말이다. 얼굴도 모른 채 유령처럼 살아가는 아파트 문화를 생각하면 놀랄 일도 아니다.

이러한 거주 문화는 사람들도 변하게 만들었다. 모르는 상대에게는 냉정해질 수 있다. 잘 알지 못하는 사람일수록 더 쉽게 화를 내고 더 쉽게 무례해질 수 있다. 층간 소음 문제로 다툼을 넘어 살인사건까지 벌어지는 이유는 이 때문이다.

마음의 문이 열려 있다면 모르는 사람이라고 해서 매정하게 대하지 않는다. '이방인은 위험한 존재'로 스스로를 각인시키려는 그 마음이 우리 사회의 적이다. 집은 나와 가족의 안식처이기도 하지만, 때론 도움이 필요한 이방인에게 내어줄 수 있는 공간이 되어야 한다. 몇 년 전 몽골로 여행을 떠났을 때 작은 말을 타고 초원을 갔다가 게르[19]에 묶은 줄에 걸려 넘어진 적이 있었다. 게르 안에서 한 남자가 나와 내가 다치지 않은 것을 확인하고는 웃으며 말했다. 그는 어제 자기 아들의 결혼식을 치렀는데, 잔치가 사흘간 더 벌어질 거라며 이곳에 머물러도 좋다는 것이었다.

"이곳에 낯선 사람은 없다. 아직 만나지 못한 친구가 있을 뿐."

아일랜드의 '국민 시인' 예이츠William Butler Yeats. 1865~1939의 말처럼 집은 나와 이웃을 친구로 맺어주는 가교가 될 수 있어야 한다.

---

19 Ger. 몽골의 전통적 주거 양식.

6. 뿌리가 없는
사람들의 비극

한국 사회의 과열된 부동산 투자 열기는 집을 재산 증식의 유용한 수단으로 전락시켰다. 나는 한국인들이 쉽게 행복하지 않은 이유 중 하나가 바로 잃어버린 '집home(정서적 의미의 공간)' 때문이라고 생각한다. 집값에 민감하지만, 반대로 이들은 마음의 집을 짓고 살지 않는다. 자주 이사를 다니고 내 집이라고 할 만한 장소가 없다. '집' 하면 떠올릴 수 있는 이미지와 느낌이 구체적이지 않다.

이런 문화는 특히 아이들에게 커다란 영향을 끼친다. 안정을 느끼고 심적으로 쉴 수 있는 공간이 부재하다는 건 무얼 뜻할까? 'home'이 없다는 것은 뿌리가 없다는 말이기도 하다. 내가 자라면서 정서적인 연대를 느낄 수 있는 공간과 장소를 마음속에 간직하지 못한다는 건 곧 나의 근원을 알지 못한다는 뜻이다.

한국여성정책연구원의 조사에 따르면 한국 청년의 75퍼센트가 이민을 가고 싶다고 했다.[20] 코로나19 바이러스가 유행하기 이전의 조사라서 지금은 수치가 다를 수도 있지만, 충격적인 사실이다. 이는 뿌리를 상실한 경험과 맞닿아 있다. 한국의 젊은이들은 자신의 나라, 자신이 살고 있는 공간에 깊은 사랑을 느끼지 못하는 것이다.

한국에 와서 인상적으로 다가온 단어가 바로 '우리'였다. 다른 나라의 언어에서 '나'가 있어야 할 자리를 대신하는 '우리'. '우리나라', '우리 집', '우리 엄마' 등 의례적으로 표현되는 '우리'에 나는 굉장한 사랑과 애정이 담겨 있다는 걸 깨달았다. 그런데 이 나라와 사회를 이끌어 나갈 청년들이 떠날 생각을 하고 있다니, 안타까울 따름이다. '부의 대물림', '불공정', '불평등', '극심한 경쟁' 등 사회적 키워드로 문제의 원인을 분석할 수도 있겠지만, 나는 무엇보다 'home'의 부재를 손꼽고 싶다. 사막의 풀, 회전초는 바람이 부는 대로 굴러다닌다. 트렌드를 좇아 살아가는 삶도 비슷하다. 추억이 있는 곳에서는 떠나기가 쉽지 않다.

---

20 11쪽 각주 참조.

이쯤에서 나에게 이런 의문이 드는 사람이 있을지 모르겠다. 왜 그렇게 좋은 추억을 쌓은 독일을 떠나 이곳에 온 거냐고. 따져 봐야 할 것은 떠난다는 행위가 아니라 왜 떠나느냐 하는 이유다. 나는 행복하게 살 수 없다는 낙담 때문이 아니라 새로운 삶에 대한 호기심에서 한국을 선택했다.

집에 대한 왜곡된 집착은 '하우스 푸어House poor'라는 '웃픈' 단어를 만들어 냈다. 한국 사회의 한 단면을 보여주는 이 콩글리시 단어는 빚을 내서 집을 사느라 높은 이자를 감당하며 힘들게 살아가는 사람을 뜻한다. '영끌'이란 표현도 있다. 한국에서는 집을 소유하기 위해서는 영혼까지 끌어모아야 한다. 행복은 집을 마련하면서 시작되는 것 같다.

집을 소유해야 한다는 개인적 욕망과 사회적 분위기를 이해하지 못하는 것은 아니다. 한국의 지난 역사가 그 욕망을 부추겨 왔다. 경제 성장은 경이로울 정도다. 조금씩 천천히 발전한 것이 아니다. 불과 30년 만에 농경 사회에서 산업 사회로, 유럽에서는 100여 년이란 시간이 걸린 산업혁명을 이룩해 냈다. 짧은 시간 동안 이루어 낸 고도성장은 가계 경제에도 영향을 미쳤다. 삽시간에 부자들이 탄생했다.

그 과정에서 부동산은 마법 같은 힘을 발휘했다. 지금도 여전히 부동산 신화는 계속되고 있다. 집을 사고팔면서 재산을 축적한 성공 스토리는 사회 전체에 커다란 영향을 끼쳤다. 너도나도 단기간에 돈을 벌 수 있는 희망을 꿈꾸고 있다.

하지만 고도성장의 시기는 지나갔다. 해마다 10퍼센트, 15퍼센트 경제가 성장하는 시기는 쉽게 오지 않을 것이다. 한국 사람들의 마음속에 자리 잡은 지금보다 더 잘살아야 한다는 주문은 쉴 때도 되었다. '더 잘', '더 많이'라는 밀어붙이기식 주문은 삶을 각박하게 하고 마음을 불안하게 할 뿐이다. 어느 학자가 나에게 한 말처럼 한국 사람들은 이제 지는 것도 배워야 할 시기가 온 것이다.

인구는 줄어드는데, 아파트는 계속해서 올라가고 있다. 과연 언제까지 이러한 현상이 지속될 것인가. 서울의 집값은 세계 주요 도시와 비교해 봐도 너무 비싸다. 주요 나라와 비교해 보면 GDP는 낮은데, 집값은 더 비싼 기현상이 벌어지고 있다. 나는 서울의 집값은 언젠가 떨어질 거라 생각한다.

한국 사람들은 트렌드에 민감하다. 사람들로 붐비는 번화가에 가 보면 올해의 패션 트렌드를 알 수 있고, SNS에서 입소문을 탄 맛집에는 줄이 길게 늘어서 있다. '남들이 하는 것이니 나도 해보자'는 심리는 사회를 발전시키는 원동력이 되기도 했지만,

개성 없고 획일화된 기준을 형성하게 했다. 성공했느냐, 행복한 가의 기준은 남들과의 비교에서 얼마나 경제적 우위를 차지하고 있느냐가 되고 말았다. 부동산에 그토록 연연하는 것은 '남들도 집으로 저만큼이나 돈을 벌었는데 나도 해보자' 하는 심리가 발동한 것이 아닐까?

내 집을 마련해야 행복해질 수 있다는 믿음은 일종의 트렌드이기도 하다. 모두들 빚도 내고 영혼을 끌어서까지 집을 장만하고 있는데, 나만 가만히 있으면 불안한 것이다. 지금 트렌드에 편승하지 않으면 뒤처지게 되고, 기회를 놓치면 남은 인생에서 불행할지도 모른다고 생각한다.

트렌드를 좇고 대세에 순응하는 것에서 편안함을 느끼는 이러한 분위기는 어쩌면 똑같은 구조와 똑같은 스타일로 살아가는 아파트 문화에서 비롯된 것은 아닐까? 삶의 방식이 비슷하니 생각도 닮는 것이다. 모두가 같은 목적을 띠고 비슷한 스타일로 꾸며진 아파트를 보면 나는 잔뜩 긴장한 채 열을 잘 맞추고 행군하는 한 무리의 군인들이 연상된다. 조지 오웰이 《1984》에서 묘사한 전체주의 사회를 건축물로 표현하자면 아파트가 딱 맞아떨어질 것 같다.

몇 달 사이 집값이 올라 재산이 늘었다는 사람이 나는 전혀 부럽지 않다. 내가 돈에 초연한 사람은 아니지만, 생각하는 행복과는 거리가 느껴지기 때문이다. 내 취향에 맞춰 집을 꾸미고, 사랑하는 가족들과 좋은 시간을 보낼 수 있는 공간이 있다는 것만으로도 행복하고 감사하다. 그럼에도 우리 가족은 언젠가 이 집을 떠날 수 있다. 중요한 것은 집이라는 공간이 아니라 가족의 행복이기 때문이다. 우리가 뭔가 새로운 삶을 시작하고 싶다는 생각이 들고, 그러기 위해서 다른 곳으로 가야 한다면 당연히 이곳을 떠날 것이다.

집에 관한 내 생각이 옳다고 할 수는 없다. 나는 그저 내가 생각하는 이야기를 하고 싶었다. 집을 구매할 여력이 충분하다면 마음에 드는 공간을 찾아 구매하는 것이 이상적인 일이다. 하지만 부동산으로 돈을 벌지 못해 상대적인 박탈감을 느끼거나, 투기와 투자를 권하는 사회적 분위기에 휩쓸리거나, 집을 사놓고 빚 때문에 불안해할 필요는 없다. 언제 올지 모르는 미래의 대박을 꿈꾸기보다 소소하더라도 지금 행복할 수 있는 방법을 터득했으면 좋겠다.

4장.
교육, 서열과 순위의 덫에
갇혀버린 행복

배움은 태어나서 죽을 때까지 이어지는, 인생의 또 다른
이름이다. 빈손으로 이 세상에 나온 우리에게 배움은 행복
의 끝없는 원천이다. 하지만 한국에 살면서 배움은 누군가
에겐 무의미한 고문이 될 수도 있다는 사실을 깨달았다.
입시와 취직의 경쟁에서 남들을 제치기 위한 수단으로서
의 지식 축적이 아닌, 배울수록 성장하고 행복할 수 있는
진실을 독자들과 함께 나누고 싶다.

1. 성공을 강요당하는
아이들

"아빠, 요즘 친구들 중에 1학년으로 다시 돌아가고 싶어 하는 애들이 많아."

"왜? 그때가 행복했대?"

"아니, 그게 아니라 그때로 돌아가면 비트코인을 엄청 살 수 있으니까. 1학년 땐 비트코인이 백만 원이었는데, 지금은 4천만 원까지 올랐다고, 돈을 40배나 많이 벌 수 있잖아!"

"뭐어, 진짜야?"

초등학교 고학년이 된 아들이 들려준 이야기다. 아이들까지 돈의 힘에 눌려버린 한국 사회의 현실을 보여주는 것 같아 씁쓸했다. 아이들의 동심은 누가 훔쳐간 것일까? 교육이라는 이름으로 아이들을 키우고 있는 이 사회가 과연 어떤 교육을 하고 있는 지 돌아봐야겠다는 생각이 들었다.

교육의 중요성은 구구절절 설명할 필요가 없다. 비단 한국에서만 중요시하는 주제도 아니다. 헌데 '중요성'에 대한 개념이 한국에서는 다른 것 같다. 교육의 가치, 교육의 질보다 교육의 양에 초점이 맞춰져 있다. 좋은 교육을 받게 해야 한다는 것이 아니라 질 높은 교육을 더 많이 시켜야 한다는 양육자들의 강박이 반영된다. 다만 교육의 범위는 정보, 지식, 기능에 국한되어 있다. 이러한 교육이 아이들의 삶을 지배하고 있다고 해도 과언이 아니다.

아이들뿐인가? 양질의 교육을 제공하기 위해 부모 역시 부단히 노력한다. 열심히 일해서 교육비를 지불하는 것은 기본이고, 어느 시기에 어느 교육을 배정하고 투입해야 할지 끊임없이 고민한다. 부모가 세운 설계도에는 자녀가 대학에 입학하고, 심지어 취업할 때까지 그의 일정이 빼곡하게 잡혀 있다.

한국에서는 모두가 교육을 위해 힘쓴다. 모두가 비슷한 목표를 향해 전력을 다해 자신의 삶과 시간을 쏟아붓는다. '좋은' 대학에 들어가기 위해 비슷한 틀 안에서 연마된 사람들. 이제 한국에는 고학력의 머리 좋은 전문가들이 가득하다.

당연한 말이지만, 모든 사람이 이 같은 삶에 최적화되어 있지도 않고 그래선 안 된다. 모두가 사회에서 인정받는 좋은 일자리만 찾고 높은 연봉을 원한다면 나머지 분야는 누가 채워야 할까? 각 분야가 골고루 맞물려 돌아가며 발전하는 사회에서 이런 식의 구분은 의미가 없다. 일률적인 스펙으로 무장한 사람들이 대다수라면 스펙은 더 이상 경쟁력이 될 수도 없다.

　나는 교육에 관심이 많다. 한국에서 아이를 키우는 학부모이기도 하지만, 주변 환경의 특성상 교육과 깊숙이 관련이 있다. 우선 나의 아버지가 고등학교 교장이었다. 어머니도 교사로 일했고, 할아버지와 할머니도 교직에 계셨다. 자연스레 교육을 중시하는 분위기에서 성장했다. 한국에 와서 돈을 벌어야 했을 때 가장 먼저 한 일이 독일어와 영어를 가르치는 것이었다. 혜원 스님으로부터 배운 참선 체조 수업도 진행했다. 교육자의 DNA가 조금은 있었던 건지 나중에는 광주의 한 대학에서 교수로 재직하기도 했다. 교수직을 그만두었지만, 현재도 강연이나 워크숍을 통해 교육과 관련된 일을 하고 있기는 하다.

　가르치는 것뿐만이 아니다. 여전히 나는 배우고 익히고 있다. 많은 학생들이 대학에 입학하면, 혹은 졸업하면 '더 이상 배우지 않아도 된다, 더 이상 시험을 보지 않아도 된다'라고 생각한다. 하지만 교육, 즉 배움은 태어날 때부터 함께 시작해서 죽는 날까지 결코 끝나지 않는다. 배움은 학습이나 시험만을 의미하는 것이 아니기 때문이다. 배우지 않고 깨닫지 못하는 인생은 천천히 시들어 사라지는 것과 다름없다. 살아 있는 인간은 평생을 배움 안에 있고 세상은 곧 스승이다.

시험 역시 어떤 의미로는 끝나지 않는다. 나에게 다큐멘터리 편집을 끝내고 새로운 프로젝트를 선보이는 것, 지금처럼 원고를 써서 책을 출간하는 것은 일종의 시험이다. 개인적으로 나는 이 일련의 시험이 전혀 싫지 않다. 배움은 좋은 것이고 필요하기 때문이다. 공부를 끝없는 채찍질로 느끼고 자란 이들이게는 이상하게 들릴지 모르지만 나는 공부를 사랑한다. 공부를 지옥처럼 느껴본 적이 없다. 어떤 점수를 목표로 경쟁해 본 적도 없고 불행하다고 느끼며 공부해 본 적도 없다. 완벽한 교육을 받았다고는 생각하지 않지만 한국의 교육 제도와는 다른 환경에서 배운 것만은 분명하다.

초등학교에서 보낸 마지막 날을 여전히 기억한다. 졸업식을 마치고 학교 계단을 내려올 때였다. 100년은 되었을 검붉은 돌 계단을 하나씩 밟아 내려가던 나는 어느 순간 뒤를 돌아봤다. 정든 학교와 사랑하는 고너만Gonnermanm 선생님과 헤어진다는 사실이 믿기지 않았고 너무 슬펐다(물론 나는 나의 우아하고 사랑스러운 선생님을 졸업 후에도 몇 번이나 찾아뵙긴 했다). 어렴풋이나마 지금까지의 삶이 사라질 거란 사실을 실감하는 순간, 눈물이 주르륵 흘러내렸다. 오래된 돌계단 위에 멈춰 서 있던 그 순간, 나는 새삼 내가 배우는 걸 좋아한다는 사실을 깨달았다.

한국의 아이들도 내가 그랬던 것처럼 무엇인가를 배우고 익히는 일이 그들에게 호기심을 불러일으키고 즐거움을 느끼게 해주길 바란다. 친구들, 선생님과 사랑하는 마음을 나누길 바란다. 아들의 초등학교 입학식 날이 기억난다. 한곳에 모인 여덟 살배기들이 어찌나 귀엽고 사랑스러웠는지 모른다.

아이가 초등학교에 다닌 지 2년 정도 되었을 무렵 충격적인 소식을 접했다. 즐거운 생활을 하고 있어야 할 아이들이 스트레스 완화를 위해 심리 치료를 받고 약을 복용하기도 한다는 것이다. 초등학교 6년, 중학교 3년, 고등학교 3년, 대학교 4년의 긴 교육 과정을 염두에 두고 보면 초등학교 3학년은 그 긴 여정에 이제 겨우 발을 들여놓은 단계일 뿐이다. 아직 중학교, 고등학교의 본격적인 입시 스트레스는 닥치지도 않았다. 과연 그 아이들이 한국 사회 안에서 제도권과 사교육의 교육 과정을 착실하게 밟아나갈 수 있을까 걱정이 된다.

부모들의 왜곡된 교육열을 보고 있으면 미국의 코미디언이자 거침없는 사회 비평가인 조지 칼린George Carlin. 1937~2008의 독설이 떠오른다. 그가 어느 강연에서 한 말인데 내 귀에 박힌 문장들을 옮기자면 이렇다.

"나는 오늘 지난 30~40년 동안 이 나라를 지배해 온 특별한 종류의 헛소리를 언급하고 싶다. 무엇인고 하니, 지나친 헌신으로 '아동 숭배'라고 할 수밖에 없는 헛소리다. 요즘 전문직 부모라는 인간들 중에는 자녀의 일정을 관리하고 강박적으로 기저귀 냄새를 맡으며 자녀의 어린 시절을 훔치고 있는 자들이 있다."

"심지어 유치원 입학시험이 있는 곳도 있다. 불쌍한 어린 것들! '자기 성기가 어디 있는지도 모를' 어린아이가 부모에게 성공하라는 압박을 받고 있는 것이다. 이건 정말 정교한 형태의 아동학대 아닌가?"

자녀에게 이 같은 교육을 시키려는 부모는 항변한다. 이 모두가 아이를 위한 거라고. 하지만 과연 그게 전부일까? 준비된 사회인이 되어 부유하고 안정적인 삶을 살게 하려는 마음도 있겠지만, 그에 못지않게 부모로서 자신의 자존심도 작동하고 있다. 숱한 부모들에게 "우리 딸 이번에 ○○대학에 들어갔어", "우리 아들 수학 경시대회에서 우승했어"와 같은 자랑을 듣는다. 아이의 메달이 곧 부모의 메달이 되고, 이는 곧 자식을 잘 키운 확실한 증거가 되는 것이다. 아이의 성공이 곧 자신의 성공이라는 등식은 의심의 여지가 없다.

아이들은 놀고 싶어 한다. 그리고 놀이가 바로 아이가 할 일이다. 아이는 신나게 놀아야 할 의무가 있다. 배우고 익히는 것도 필요하지만 이것이 전부가 되어서는 안 된다. 틀에 갇힌 생각에서 벗어나야 창의적인 사고가 발휘된다. 어린아이들은 늘 상상해야 하고 호기심을 가지고 세상을 탐험해야 한다. 스스로의 목소리, 자기 생각조차 키우지 못하면서 누가 언제 태어났고 무슨 일을 했는지 줄줄이 외우는 것이 무슨 의미가 있을까? 조지 칼린의 말처럼 내가 누구인지 무엇을 해야 하는지도 자각하지 못하는데, 성공해야 한다는 단 하나의 목표만 알고 있는 것이다. 당연히 행복한 유년 시절과는 거리가 멀다.

나는 한국에서 성인이 어린 시절로 돌아간 듯 행동하는 모습을 자주 봤다. 40대나 50대의 여성들이 여전히 어린 소녀처럼 말하고, 나이 든 남자들은 노래방이나 술자리에서 부모 눈 밖에 벗어난 10대들 같은 말투로 말하기도 한다. 티브이에서도 자주 목격한다. 특정한 상황에서 어린아이처럼 행동하는 어른들을 보면 귀엽고 재미있다. 매력적이라는 생각도 든다.

하지만 다른 한편으로는 그 사람의 어린 시절에 대한 그리움이 엿보인다. 스트레스가 많은 일상에서 잠깐이라도 벗어나기 위해 다시 한번 아이처럼 놀고 싶다는 바람이 장난기 어린 행동으로 나타나는 것이다. 어쩌면 마음껏 누리지 못했던 어린 시절을 갈망하는 마음의 발로일지 모르겠다. 물론 다른 나라에서도 아이 같은 행동을 하는 성인들이 있다. 하지만 다 큰 성인의 아이 같은 행동이 한국에서만큼 사회적으로 받아들여지지는 않는 것 같다.

조지 칼린이 언급했듯 야심을 숨겨둔 채 아이를 과잉보호하는 부모들 역시 한국에만 있지 않다. 미국에도, 독일에도 있다. 헌데 규모가 다르다. 아이의 삶을 주도하는 추진력 있는 부모가 한국처럼 압도적인 규모로 존재하지는 않는 것 같다. 규모의 차이가 있을 뿐 한국만의 현상이 아니라면 문제가 없는 것일까? 나는 이것이 우리의 문제를 돌아보고 성찰하지 않아도 되는 명분이 된다고 생각하지 않는다.

나는 어릴 때 잘못을 저지르고 혼이 날 때면 "다른 아이들도 했어요"라는 변명을 하곤 했다. 그럴 때마다 아버지는 "다른 아이들이 창문 밖으로 뛰어내리면 너도 따라 뛰어내릴 거니?"라고 물으셨다. 아버지는 다른 사람의 잘못을 내 잘못을 정당화하는 근거로 삼지 말라는 말씀을 하신 것이었다. 내 행동에 책임을 지고 책임을 회피하기 위해 다른 사람들 뒤에 숨지 말라는 의미다. 나 역시 아들에게 이렇게 가르치고 있다. 지금 한국 교육이 문제가 있다면 우리는 그것을 고치기 위해 노력해야 하고 기꺼이 책임감을 느껴야 한다.

2. 거대한
교육산업의 딜레마

주말에도 학원에 가거나 시험을 준비하는 아이들을 보면 안쓰러움을 넘어 슬픈 감정이 든다. 여유를 누려야 할 시간조차 없는 유년기라니. 삶의 목적이 유명한 대학에 들어가고 높은 연봉을 받는 직업을 얻는 것이라면 할 일을 제대로 하고 있는 것인지 모르겠지만, 개인적인 만족과 행복을 찾고 인생을 즐기는 것이라면 잘못된 길을 가고 있다고 말할 수 있다.

교과 선행학습은 물론, 한국의 사교육 산업은 줄넘기나 레고 만들기처럼 놀이를 통해 자연스럽게 배울 수 있는 것조차 학원에서 배워야 할 과목으로 만들어 내고 있다. 거대한 항공모함처럼 움직이고 있다. 내 아이가 다른 아이보다 뒤처지는 걸 두려워하는 부모의 마음이 아이에게 필요한 것은 무엇이 됐든 교육의 소재로 삼는 산업과 한데 뭉쳐 돌아가고 있는 것이다. 대다수 부모가 호응하고, 학원들이 발맞추고, 아이들이 투입되는 한국 교육의 삼박자 굴레는 압도적인 기세 때문에라도 진로를 바꾸기 어려워 보인다.

정말 마음이 아픈 것은 이처럼 아이들의 어린 시절을 빼앗으며 이토록 많은 시간과 돈, 노력을 들이는데도 결과가 너무도 시시하다는 사실이다. 엄청난 투자를 정당화해 주는 결과물이 보이지 않는다. 한국의 노벨상 수상자는 얼마나 될까? 한 명도 없다. 노벨평화상을 언급하는 이들도 있겠지만 이 상은 기술이나 지식을 다루기보다 정치적, 윤리적 의미가 큰 상이라 다른 관점으로 봐야 한다. 공부에 쏟아붓는 셀 수 없는 시간과 돈을 생각한다면, 한국의 대학가는 수많은 천재가 활보해도 이상하지 않을 텐데 결과는 초라하다.

아이들의 뇌는 많은 양을 기억하지 못한다. 하드 드라이브가 꽉 차면 뇌는 기존의 데이터를 지우고 새로운 데이터를 주입한다. 재충전을 위한 휴식 없이 과부하된 상태의 뇌라면 두말할 것도 없다. 시험을 앞두고 기억한 내용은 시험이 끝나고 버려진다. 다음 시험을 위한 내용이 다시 들어가야 하기 때문이다. 결국 시험을 거쳐서 남는 것은 별로 없다. 하지만 괜찮다. 그보다 중요한 것은 시험에 합격했다는 사실이니까. 안타깝지만 한국 교육 제도의 현실이다.

가르치는 방법이 얼마나 효율적으로 이루어지고 있는지도 의문이다. 나는 일곱 살 때 매일 한 시간씩 수영을 배웠다. 일주일이 지나자 수영을 할 수 있게 되었고, 더 배우지 않았다. 하지만 6개월 동안이나 수영을 배운 아들은 아직도 수영에 서투르다. 심지어 학교에서도 얼마 동안 배웠는데 말이다.

독일에선 일주일이면 가능했는데, 한국에서 6개월이 지나도 수영을 못하는 이유는 뭘까? 학원을 운영하는 입장에서는 수강생이 일주일 다니는 것보다 6개월 다니는 편이 이익일 것이다. 더 빨리 배울 수 있는 내용을 일부러 느리게 가르친다고밖에 생각하지 않을 수 없다. 실제 교육보다 가르치는 척하는 데 많은 시간을 쏟아붓고 있는 것이다.

예전과 비교하면 한국 사람들의 영어 수준은 전반적으로 굉장히 좋아졌다. 하지만 영어를 정말 잘하는 사람은 여전히 드물다. 학교에서, 학원에서 10년 넘게 영어를 배웠는데도 잘하지 못한다는 것은 가르치는 시스템에 의심을 가져볼 만한 일이다. 1994년 한국에 들어온 지 얼마 되지 않아 한 친구가 학교에서 영어를 가르치는 교사라며 누군가를 소개해 줬다. 한국말을 거의 못할 때라 반가운 마음에 영어로 계속 이야기를 하는데, 상대는 아무 말도 하지 않았다. 나중에 소개해 준 친구에게 물어보니 문법만 가르치는 선생님이라 대화를 잘 못한다는 대답을 들었다.

지금이야 영어 한마디 못하는 영어 선생님은 없겠지만, 당시에는 이 현상을 이해할 수 없었다. 수영을 어떻게 해야 하는지 설명은 할 수 있지만 수영을 못하는 선생님, 운전하는 방법은 잘 알지만 실제 운전은 못하는 운전기사가 있을 수 있을까? 교수가 되어 대학에 나가면서도 이와 같은 상황을 또 한 번 겪었다. 독일어 교육학과 교수 세 사람 중 독일어를 할 수 있는 사람이 한 명뿐이었다. 과연 이런 시스템이 가능한지 너무도 이상했다.

요즘 젊은이들은 어린 시절부터 이러한 교육 현장을 경험하고 사회로 진출한다. 지난한 고통 끝에 더 이상 공부하지 않아도 되는 세상을 마주한 것이다. 하지만 그들 앞에 펼쳐진 사회는 어떠한가? 지난 시간에 대한 보상은커녕 더 큰 경쟁과 살벌한 싸움터가 기다리고 있다.

취업 시장의 경쟁은 더욱 치열하지만, 취업이 되더라도 안정된 일자리를 보장받는 것도 아니다. 헛수고도 이런 헛수고가 없다. 이렇게 갈 길을 잃은 사람들이 느낄 배신감이나 환멸의 감정은 불 보듯 뻔하다. 하지만 냉정하게 말해 세상은 언제나 이런 식으로 흘러간다. 사회에는 많은 것을 잃어버리고 포기하고 기대한 것을 얻지 못한 사람들이 가득하다.

한국의 교육 시스템이 양산하고 있는 것들이 이러하다. 그 어떤 것도 행복한 삶을 위한 방법이 아니다. 애초부터 아이들의 행복이 목적이 아니었기 때문이다. 사교육이 무조건 나쁘다는 것이 아니다. 가르치는 방법과 목적은 도외시한 채 싫어하는 것을 억지로 배우게 하는 것을 재고해 봐야 한다는 것이다. 시험을 통과하고 좋은 점수를 얻기 위해 배우는 것이라면 과연 그 교육이 얼마나 유효할지 생각해 봐야 한다. 원하는 것을 배우고 그 시간을 알차게 보낼 수 있어야 진정한 교육이 된다.

단순하게 기억하고 암기하는 것은 좋은 교육이 될 수 없다. 첨단 기술이 나날이 발전한 덕분에 나 대신 기억해 주고 외워주는 일은 기계로 대체할 수 있게 되었다. 하지만 인생에서 가장 중요한 것이 무엇인지에 대한 답은 기계에서 찾을 수 없다. 창의적인 아이디어 또한 마찬가지다. 이러한 것들이야말로 스스로 묻고 답을 찾아야 하는 영역이다. 교육 역시 이러한 영역에 초점을 맞춰야 한다. 사회에 첫발을 내딛기 전부터 불행에 익숙한 사람들, 이미 지쳐버린 사람들이 더 이상 양산되지 않도록 지금부터 바꿔 나가야 한다.

3. 시험만능주의 사회의
교육법

기회가 있을 때마다 나는 한국의 교육 제도를 바꿔야 한다고 강조한다. 티브이 시사 프로그램에 출연할 때도, 사석에서 친구들과 이야기할 때도 늘 이야기한다. 이렇게 주장하면 상대방은 자연스럽게 독일 교육과의 차이점을 묻는데, 시간이 없어 한 문장으로 간략하게 압축해야 할 때 나는 다음과 같이 말한다.

"독일에서는 잘 배우려고 시험을 보는데, 한국에서는 시험을 잘 보려고 배우는 것 같습니다."

앞뒤 단어만 바꿔놓아서 언뜻 말장난처럼 들릴지도 모른다. 하지만 20년 넘게 한국에 살면서 목격한 '한국식 교육'은 늘 거꾸로 뒤집혀 있는 것 같다. 가장 중요한 걸 중요하지 않게 여기는 것, 한국 교육의 특징이다. 한국에서 가장 중요한 시험으로 평가받는 대입 시험의 과정을 겪어낸 학생은 어느덧 시간이 흘러 부모가 되고, 자신의 자녀도 당연하다는 듯 그 길을 답습하는 모습을 지켜본다. '무엇을' 배우는지가 아니라 '어떻게' 시험을 통과할지에 교육의 초점이 맞춰져 있다.

광주의 대학에서 강의를 하던 시절의 일이다.

"교수님, 2학기 시험 주제는 뭔가요?"

내 독일어 수업을 듣는 학생들이 물었다.

"지금까지 배운 모든 내용이 주제입니다."

강의실에는 일순 정적이 흘렀다. 내 대답을 들은 학생들은 꽤 당황한 눈치였다. 잠시 후 웅성거리더니 누군가가 1학기 때 배운 내용은 1학기 때 이미 시험을 치렀는데 2학기에도 시험을 치르는 건 안 되지 않느냐, 2학기 동안 배운 것만으로도 준비하기 힘든데 기억도 나지 않는 걸 다시 공부해야 하는 건 부담스럽다고 말했다. 나는 오히려 그 학생의 반응이 놀라웠다. 그리고 반문했다.

"여러분이 건축가라고 생각해 봅시다. 2층짜리 건물을 지어야 한다면 1층부터 지어야 하지 않나요?"

학생들은 동의했다.

"1층을 완성했으면 이제 2층을 지어야겠네요?"

그들은 이 물음에도 동의했다.

"그런데 2층을 지었다고 1층이 필요 없게 되는 건가요? 필요 없다고 없애버리면 되나요?"

학생들은 뻔한 걸 왜 묻느냐는 눈빛으로 나를 쳐다보았다.

"맞아요! 지난 학기에 배운 걸 잊어버리면 2학기에 나한테 배운 것도 모두 무너지는 겁니다."

학생들은 내가 빗댄 비유를 달가워하지 않았고 시험 범위에 대해서도 동의하지 않았지만, 나는 결국 계획대로 시험을 치렀다. 학생들의 성적은 대체로 좋지 않았다.

이쯤에서 짐작하겠지만 나는 그다지 인기 있는 선생이 아니었다. 그러나 시험을 치른 다음에는 잊어버리는 게 당연하다고 생각한다면 언어가 아닌 그 무엇을 공부하더라도 결국 의미 없는 행위일 뿐이다. 오히려 공부한 만큼 시간만 소비해 버리고 만다.

시험에 초점이 맞춰진 교육은 레스토랑에 가서 접시만 구경하고 음식을 무시하는 것과 같다. 음식이야말로 콘텐츠(목적)이고 접시는 콘텐츠를 편리하게 먹을 수 있도록 도와주는 도구인데, 도구가 목적이 되어버리는 셈이다. 레스토랑에 가는 이유는 사실 화려하고 예쁜 접시가 아니라 음식 때문이 아닌가? 접시도 물론 식사에서 빼놓을 수 없는 물건이고, 나도 미각을 일깨우는 예쁘고 특색 있는 접시를 좋아한다. 그러나 접시는 어디까지나

도구이다. 시험 또한 교육의 궁극적 목적이 될 수 없는, 학습에 집중할 수 있도록 도와주는 도구일 뿐이다.

평가에 지나치게 집중한 나머지 한국의 어린이들은 건강하게 성장하기 위해서 매우 중요한 체육 과목은 거의 잊은 채 학교 교실과 학습 가능한 실내 공간 안에서 많은 시간을 보내는 것 같다. 운동의 중요성은 굳이 강조할 필요가 없다. 하지만 이 당연한 사실이 한국의 학교와 가정에서는 외면 받고 있다. 한국의 교육 현장은 신체보다 정신, 지식에 더 많은 비중을 둔다. 아이들이 나무에 오르거나 흙을 만지는 대신 방 안이나 PC방의 스크린 앞에 앉아 가상게임에 몰두한 지 오래되었다.

아이러니하게도 내가 청소년기에 학교 밖에서 유일하게 돈을 들여 수업을 받은 과목은 바로 '체육'이었다. 처음에는 축구를 하다가 흥미를 잃었고, 몇 년 동안 탁구에 푹 빠져 있었다. 그러다 함부르크의 지하철역에서 '화랑 태권도 도장' 광고를 우연찮게 보게 되면서 내 인생은 달라졌다. 태권도에 대한 관심으로 시작된 한국과의 인연은 인생의 큰 스승님과 연결되었고, 나는 결국 선불교에 관심을 갖고 한국이란 나라까지 찾아오게 되었다.

이렇듯 단순해 보이는 운동이 개인에게 끼치는 영향은 정말 대단하다. 1세기 로마에 살았던 시인 유베날리스Juvenalis. 60?-140? 는 "건강한 신체에 건강한 정신이 깃든다"는 명언을 남기기도 했다. 지식만 강조하는 일방적인 교육은 좁게는 한 아이의 몸을, 넓게는 우리 사회의 건강을 해치고 만다. 시험에 연연하는 것 못지않게 육체를 튼튼하고 건강하게 가꾸는 법에 대한 관심을 가져야 한다. 많이 교육 받았더라도 신체가 부실하면 무슨 소용이 있을까?

한국에서 시험은 역사가 깊다. 한국은 일찍이 고려시대부터 중국의 영향을 받아 과거 제도를 시행했다. 특별히 가문의 위세를 따지지 않고 능력에 따라 나라의 관리를 뽑았던 과거 제도는 당시로선 혁명적인 발상이었다. 한국에서는 출생이 아니라 실력에 따라 관직에 오를 수 있다는 발상이 국가 제도로 시행되고 있었지만, 당시 유럽은 여전히 귀족 출신이라는 명패를 벗어던지지 못했다. 귀족 계급이 아니지만 부를 거머쥐고 사회의 존경을 받았던 예는 15세기에 살았던 독일 무역업자이자 은행가인 야코프 푸거[21]나 이탈리아의 메디치 가문 등 손꼽을 정도였다.

능력에 따라 힘과 권력을 부여한다는 개념은 감탄이 나올 만큼 놀라운 생각이다. 하지만 무엇이든 지나치면 오히려 독이 될 수 있다. 지나치게 능력에만 몰두하는 것은 시험만능주의를 양

---

21 Jakob Fugger. 1459~1525. 조상으로부터 물려받은 재산을 바탕으로 은행, 광산 등 사업을 벌여 막대한 부를 축적했다. 신성로마제국의 막시밀리안 1세를 후원하는 등 전 유럽에 커다란 영향을 미칠 정도로 영향력을 떨친 사업가다.

산할 수 있고, 한 사람의 모든 것을 시험 하나로 평가할 수 있다는 오류에 빠진다. 어떤 일에 대한 능력을 시험 점수로만 가늠할 수 있을까? 일을 수행하기 위한 자질에는 당연히 열정과 태도도 포함되어야 한다.

한국에 온 첫 해의 11월 어느 날이었다. 평소처럼 이른 아침 집을 나서 거리를 걷고 있는데 이상하리만치 정적이 감돌았다. '왜 이렇게 한산하고 조용하지' 하는 생각을 하고 있는데, 경찰 오토바이 한 대가 옆을 지나갔다. 오토바이 뒤에는 여학생이 앉아 있었다. 나는 그 학생을 보며 '순수해 보이는데 무슨 잘못을 저질러 저런 식으로까지 연행되는 걸까?' 하고 궁금해했다.

나중에야 그날 아침 풍경의 진실을 알게 되었다. 대학 수학 능력 시험을 치르는 날, 고사장에 늦을지도 모르는 학생을 위해 경찰이 오토바이로 데려다준 사실을 말이다. 수능 시험일에는 중고등학교가 휴교를 하고 기업에서도 출근 시간을 늦춘다는 사실 역시 알게 되었다. 시험을 위해 온 나라가 잠시 멈추는 것이다.

시험 당일 절이나 교회를 찾아 기도를 드리는 부모들, 시험 이후 성적을 비관한 수험생의 자살 뉴스를 통해 한국에서 수능 시험이 얼마나 중요한지 충분히 짐작할 수 있었다. 그러나 단 하루 치러지는 시험의 무게, 그 무게를 감수하기 위해 희생해야 하는 수많은 시간들, 그 압박의 강도가 전해졌을 때 나는 몸서리치지 않을 수 없었다. 현실이 너무도 잔인하다는 생각이 들었다. 대학마다 전형 방법도 다양해지고 수시로 대학을 가는 학생들도 많아졌다지만, 한국의 학생들에게 수능 시험일은 여전히 인생의 향방을 결정하는 중요한 날이다. 한 사람의 학업 성과를 단 하루만에 검증하는 것이야말로 누구에게도, 특히 우리 아이들에게 공평하지 않은 일이다.

4. 독일의 대학 활용법

독일의 교육 제도는 한국과 다르다. 특히 극명하게 구별되는 것이 입시 제도다. 한국에서는 쉽게 받아들일 수 없는 제도가 독일에서는 국민적 동의 속에 시행되고 있다.

독일에는 한국의 수능 시험격인 '아비투어Abitur'가 있다. 고등학교 마지막 시기에 약 한 달에 걸쳐 치르는 고등학교 졸업 시험이자 대학 입학 자격 시험인 아비투어는 네 과목(독일어, 수학, 외국어 중 두 과목과 학생의 적성과 진로에 맞춰 선택해서 이수한 두 과목) 중 세 과목의 논술 시험과 한 과목의 구술 시험으로 치러진다. 이 시험은 300점 만점으로, 최소 100점 이상을 받아야 고등학교를 졸업하고 대학에 지원할 수 있다. 대학 입학에는 물론 고등학교 성적도 반영된다. 우리의 내신 격인 마지막 2년간의 시험 점수는 최대 600점이 반영된다. 결과적으로 대학에 들어가기 위해서는 아비투어가 1/3, 내신 성적이 2/3가 반영된다. 아비투어는 딱 한 번으로 끝나지 않는다. 이전의 내신 성적에 비해 아비투어 점수가 지나치게 낮게 나왔다면 그 학생은 다시 시험을 치를 수도 있다.

학생 스스로 고등학교 마지막 2년 동안 치르는 시험 과목을 정할 수도 있다. 전혀 관심이 없거나 더 이상 공부하고 싶지 않은 과목은 시험을 치르지 않는다. 물론 영어를 제외하는 대신 다른 언어 과목을 선택해야 하고 수학을 빼는 대신 물리학이나 화학 중 하나는 선택해야 하는 원칙이 있긴 하다. 결론적으로 더 공부하고 싶은 과목에 집중해서 전문성을 기르는 방향으로 공부할 수 있게 만든 제도다. 모든 과목을 다 잘할 필요는 없다.

이런 제도는 어느 하루의 시험 점수로 남은 인생에 큰 영향을 끼치지 않는다. 기본 점수만 획득하면 되기 때문에 실제로 시험에 응시하는 대부분의 학생들이 합격한다. 시험에 통과한 학생들은 원하는 대학을 원하는 시기에 갈 수 있는 자유도 누린다. 고등학교를 졸업하고 해보고 싶은 일이 있다면 몇 년간 그 일에 매진할 수 있다. 세계 여행을 떠날 수도 있다. 언제든 자기가 원하는 때에 입학한다.

대학의 관심은 점수가 높은 학생보다 그 분야에 열정이 있는 학생에 있다. 예를 들어 의대에 들어갈 수 있는 점수가 1.8인데, 1.2를 받은 학생이 있다면 바로 입학할 수는 없지만 봉사활동을 하면서 점수를 만회할 수 있다. 1년에 0.2점 정도 쌓이는데 3년 후면 의대 진학을 할 수 있다. 대학은 3년이라는 시간이 흘렀는데도 꾸준히 봉사활동을 하며 의사가 되고 싶은 마음을 유지하고 있다면 정말로 그 분야에 열정이 있는 학생이라고 판단한다.

독일에서는 대학에 입학하는 것이 한국만큼 어렵지 않다. 공부하고 싶은 분야가 있다면 얼마든지 선택해서 공부할 수 있다. 일단 시작은 어렵지 않다. 대학에 입학하고서 관심 분야가 바뀌었다면 과를 바꿀 수 있는 기회도 여러 번 있다. 하지만 관심과 열정이 있는 학생만이 졸업할 수 있다. 대학은 사회생활에 필요한 지식과 기술을 익히고 준비하는 곳이기 때문에 그 과정을 충분히 갖춘 사람만이 학위를 딸 수 있는 것이다.

독일의 교육 제도는 여러모로 합리적이다. 첫째, 많은 사람들에게 교육의 기회가 주어지고, 둘째, 능력 있는 전문가를 배출한다. 배우고 싶어 하는 사람에겐 성별과 연령, 인종을 따지지 않고 공부하고 싶은 자신의 열정을 증명할 기회가 주어진다. 사실 수능을 비롯해 대학에서 치르는 입학 시험은 주제가 광범위하다. 실제로 전공하고 싶은 학문 분야가 아닌데도 시험을 위해 공부해야 한다. 영문학을 배우고 싶은데 수학은 무조건 공부해야 하는 것처럼 말이다.

나는 독일의 대학에서 한국학을 전공했고, 일본학을 부전공했다. 당시 일본학은 강의를 신청한 학생이 100명이나 될 정도로 굉장히 '핫'한 과목이었다. 하지만 졸업장을 받을 수 있는 학생은 나를 포함해서 겨우 다섯 명뿐이었다. 나머지 아흔다섯 명은 전공을 포기하거나 다른 과목으로 바꾸었다. 마지막까지 남은 다섯 명은 일본과 일본어에 대해 엄청난 열정뿐 아니라 재능 또한 갖추고 있다는 건 두말할 나위가 없다. 확실한 검증을 마쳤으니 해당 분야의 인재를 찾는 기업체나 정부기관에서도 두 팔 벌려 환영하며 모셔 간다. 누구에게나 기회가 제공되는 만큼 검증은 철저히 해야 한다.

한국학 과목은 수강생 100퍼센트가 학위를 딸 수 있었다. 이유는 학생이 나 혼자였기 때문이다. 상황이 그렇다 보니 수업은 교수님과 나 1 대 1로 진행됐다. 한번은 교수님이 학교 밖으로 나가자고 하셨다. 야외에 앉아서 맥주 한잔할 수 있는 곳이 있으니 거기서 수업을 하자고 하신 것이다. 커다란 아름드리나무, 후텁지근한 여름 공기, 시원한 맥주 한 잔, 교수님과 단둘이 나누었던 대화는 지금도 그리운 추억이다. 공부하는 것이 그렇게 즐거웠던 나는 졸업에 필요한 학점을 다 따고서도 공부를 계속했다. 졸업이 목적이기보다 대학에서 공짜로 얼마든지 배울 수 있는 기회를 놓치고 싶지 않았다.

알려져 있다시피 독일 대학은 학비가 없다. 부모에게서 재정적인 지원을 받을 수 없다고 증명하면 정부에서 생활비를 지원해 준다. 물론 일정 금액(3천만 원 정도)은 졸업 이후에 절반 정도 갚아야 하는 제도가 있긴 하지만, 이런 제도 덕분에 20년 이상 공부하는 사람들도 있다.

공부하면서 당연히 스트레스를 받기도 했고, 시험 때문에 답답하기도 했다. 하지만 대학 시절을 돌아보면 빙그레 미소부터 짓게 된다. 내 인생에서 참 아름다운 시절이었다. 나는 경쟁하기 위해 공부하지 않았다. 대학 시절의 공부는 나 자신의 역량을 계발하고 더 성숙한 사람이 되기 위한 과정이었다. 사회적으로 인정받을 수 있는 조건을 갖춘 사람이 되기보다 배우면서 즐거움과 행복을 느낄 줄 아는 사람이 된 것, 내가 받은 교육의 효과였다.

5. 서원에서 풍기는
참교육의 향기

몇 해 전 잡지사의 섭외를 받고 한국의 서원을 방문할 기회가 있었다. 도산서원, 병산서원, 옥산서원 등 주요 서원을 관리하는 '한국의 서원 통합보존관리단'의 이사장님과 함께 둘러보았다. 서원은 처음이었지만 사찰을 수없이 가본 덕분인지 낯선 느낌이 덜했다. 공간과 자연 사이의 관계가 중요하다는 점에서 비슷했다.

서원에 앉아 가만히 둘러보니 옛날, 이곳에서 학생들이 주야장천 공부만 하지 않았을 거란 생각이 들었다. 눈 돌리는 자리마다 자연이 펼쳐지고 발길 닿는 곳마다 계절을 느꼈을 그들은 학문을 익히며 자연스레 자연의 이치와 시간의 흐름도 깨달았을 것이다. 함께 이곳을 둘러본 분의 말씀에 따르면 서원은 입시를 준비하는 학원이 아니었다. 우선 인성을 기르고 사람다운 마음가짐부터 쌓아야 했다고 한다. 시험 자체가 교육의 목적이 아니었던 것이다.

그도 그럴 것이 도산서원에 위패가 모셔진 퇴계 이황 선생이 강조한 것은 네 가지, 불쌍한 마음을 지니는 측은지심惻隱之心, 부끄러움을 아는 수오지심羞惡之心, 배려할 줄 아는 사양지심辭讓之心, 옳고 그름을 아는 시비지심是非之心이었다고 하니, 서원이 강조한 것이 다름 아닌 인간다움, 오늘날 교육의 기본이 되어야 할 덕목들이었다. 서원의 가르침은 내가 배운 선불교와도 닿아 있었다. 선불교 수행의 핵심 역시 경전을 외우는 것이 아니라 삶에 대한 기본적인 진실을 이해하고 세상과 자신의 마음을 보다 명확하게 보는 것이다.

역사를 거슬러 올라가면 오늘의 교육 제도는 유교 문화에서 영향을 받았다고 할 수 있지만, 내가 보기에는 학문을 익히는 기술만 빌려 왔을 뿐, 윤리적인 마음과 정신을 기리는 것은 도외시해 온 것 같다. 도덕적인 나침반 없이 기술을 익힌다면 그 능력이 어떻게 쓰일지 장담하기 어렵다. 남들보다 뛰어난 능력은 얼마든지 정의롭지 못하게 쓰일 수 있기 때문이다.

부산의 해운대구에 살고 있는 미국인 친구가 나에게 하소연

하던 이야기가 떠오른다. 친구의 자녀들은 미국으로 유학을 준비하고 있었다. 유학을 대비하기 위해 전문 학원을 다니고 있었는데, 학원 원장이 돈을 좀 준비해 주면 자원봉사나 인턴 경력을 증명하는 서류를 만들어 주겠다며 그것만 있으면 미국의 좋은 대학에 들어갈 수 있을 거라고 했다고 한다. 한마디로 돈으로 가짜 증명서들을 만들어 주겠다는 거래를 제안한 것이다.

이런 이야기를 들은 친구는 황당하기도 하고 화가 나서 혼잣말하듯 소리를 질렀다고 한다.

"도대체 우리 아이들한테 뭘 가르치는 거야!"

허위 이력서, 가짜 증명서 등은 심심찮게 등장하는 뉴스거리들이다. 한국의 도처에서 이런 노골적인 일들이 벌어지고 있다는 건 무얼 의미할까? 남을 이기기 위해 거리낌 없이 거짓을 꾸미고 거짓말을 해서라도 이기기만 하면 그만이라는 사고방식이 굳어지면, 교육마저 돈으로 거래하고 해결할 수 있다는 걸 알게 되면 과연 타인을 돕고 배려하는 도덕적인 행동을 실천할 수 있을까? 그런 사람들에게 권력이 주어지면 세상은 어떻게 될까? 한국의 비정상적인 교육 제도는 결국 괴물들을 키우고 있는 것이나 다름없다.

불행한 일이지만, 나는 오랫동안 쌓여온 교육 제도의 병폐가 한국의 현실에 큰 폐해를 끼쳤다고 생각한다. 많은 정치인들, 재력가들, 힘 있는 사람들은 자신의 자녀가 어떤 방법을 써서든 남들보다 앞서고 더 많은 부를 누리길 바란다. 이를 위해 필요하다면 부정을 행하고 권력을 이용하기도 한다.

우리 아이들이 이런 사회에서 자랐을 때 행복한 삶을 누리기를 바라는 건 한낱 꿈에 그칠 수밖에 없다. 이미 한국 사회는 이전보다 훨씬 자기중심적인 사람들이 많아졌고 타인에 대한 배려도 줄어들었다. 무슨 수를 쓰든 경쟁에서 이겨야 한다는 생각은 위험하다. 그보다 중요한 것은 도움이 필요한 사람에게 손을 내밀 줄 아는 태도를 갖추는 것이다.

올림픽에서는 승부를 가르고 결과에 따라 메달을 수여한다. 하지만 올림픽 정신은 메달에 있지 않다. 근대 올림픽을 만든 피에르 드 쿠베르탱Pierre de Coubertin. 1863~1937은 1908년 열린 런던 올림픽에서 미국과 영국의 육상 선수들의 승부 결과에 대해 논란이 일자 "올림픽에서 중요한 것은 승패가 아니라 참가에 있다"는 명언을 남겼다. 하지만 한국에서 올림픽 경기를 보는 관점은 메달 획득의 유무와 종합 순위에 치중해 있다. 한국의 올림픽 전략 역시 메달 가능성이 높은 몇몇 종목에 집중적으로 투자하는 것이다.

과거 '메달 지상주의'에서 조금 유연해졌다고는 하지만 지난

도쿄 하계 올림픽이 펼쳐지는 동안 여전히 메인 미디어를 통해 중계되는 단골 화면은 양궁, 펜싱 같은 메달 가능성이 있는 종목의 경기들이었다. 금메달을 따지 못한 선수를 향한 방송사 캐스터들의 말실수도 화제가 되었다. 그보다 몇 해 앞서 열렸던 평창 동계 올림픽에서는 많은 메달을 딴 스피드 스케이팅 대표팀과 쇼트트랙 대표팀 내부의 갈등과 다툼이 밝혀져 보는 이의 눈살을 찌푸리게 했다. 여전히 참가보다는 메달이 중요한 태도를 버리지 못했다. 올림픽이 열리는 동안에는 '팀 코리아'라는 말이 들리지만 경기가 끝나면 그 말 역시 위력을 잃고 만다. 우스갯소리로 'team'이라는 단어에는 'I(나)'가 없다고 하는데 한국의 스포츠 경기에서 가장 힘이 센 문자는 바로 '나'가 아닐까 싶다.

나는 여전히 한국의 옛 문화에서 배울 점이 많다고 생각한다. 서원의 고목 사이를 걸으면서도 그런 느낌이 들었다. 자연과 더불어 그 속에서 배우는 교육이야말로 마음을 평화로 이끌고 진짜 배워야 할 것이 무엇인지 일러준다. 학원의 콘크리트 벽과 형광등 불빛과는 비교할 수 없다. 유교의 핵심적인 메시지는 출생 신분보다 재능이 중요하다는 것이다. 전적으로 동의한다. 한국, 중국 등 유교 문화권에 있는 아시아의 나라들이 발전할 수 있었던 원동력은 이와 같은 혁명적인 발상 덕분이었다.

하지만 사회에서 영향력을 발휘하고 권력을 거머쥔 이들이
책임감을 갖지 못하고 불우한 환경에서 좋은 교육을 받지 못한
사람들에 대한 존중을 갖지 못한다면 '가문보다 재능'이라는 구
호도 빈껍데기에 불과하다. 재능을 오직 자기 자신만을 위해 사
용하는 것 역시 조상들의 가르침과도 거리가 멀다.

6. 순위와 서열의 나라에
꼭 필요한 토론 문화

한국의 교육 시스템은 바뀔 수 있을까? 솔직히 잘 모르겠다. 어떤 시스템이든 고정불변의 것은 없고 시간이 흐르면서 달라질 것이라고 믿지만, 가까운 미래에 한국의 교육이 얼마나 바뀔 수 있을지는 의문이다. 말했듯이 한국의 교육 산업에는 많은 사람들이 연결되어 있다. 시스템을 위해 많은 돈을 투자한 사람들도 있고, 생업으로 깊이 관여되어 있는 사람들의 규모도 만만치 않다. 누군가 이 시스템을 단박에 바꾸려고 한다면 자신의 이익을 보호하기 위해서라도 많은 사람들이 반발하고 싸우려 할 것이다.

사람들은 교육의 맹점과 폐해를 지적하면 인정한다. "그래, 맞아. 그건 잘못됐어."

하지만 교육 시스템을 바꾸자고 하면 말이 달라진다. 여러 말들이 있지만 속내는 결국 한곳으로 모인다. "바뀌더라도 내 아이가 지금까지 한 건 인정받아야 돼. 내 아이가 일단 대학에 들어가고 나서 바꾸자. 지금까지 투자한 걸 손해 볼 순 없어."

이런 태도는 님비[22] 현상과 비슷하다. 녹색에너지는 좋아하지만 우리 집 근처에 풍력발전소가 세워지는 건 반대하고, 외국 노동자들이 필요한 것은 알겠지만 우리 동네를 돌아다니는 건 싫고, 장애인들을 차별해서는 안 되지만 근처에 장애인 학교가 들어서는 건 내키지 않는 것과 같다. 한국의 교육 제도에는 문제가 있지만 내 아이가 그 제도로 인한 혜택을 받고 있다면 되도록 그 체제가 유지되길 바라는 것이다. 잘못된 것을 알면서도 바꾸지 않는 것, 이런 자세 때문에 변화는 더디다. 덕분에 시스템은 꿈쩍 않고 유지된다.

가장 좋은 대학 순위, 가장 연봉이 높은 직장 순위, 이 도시에서 가장 비싼 아파트 순위…… 한국만큼 순위, 서열에 민감한 나라도 드물다. 비교와 서열 매기기는 한국 학생들에게 내가 어디쯤 속하는지에 대한 일상적인 지표다.

---

22 NYMBY: Not in my backyard! 공적인 이익은 되지만 자신이 속한 지역에 이익이 되지 않는 일을 반대하는 행동.

한국에 정착할 때 한국 사람과 대화를 나누려면 두 가지 방법밖에 없었다. 통역사를 데리고 다니든지, 아니면 내가 빨리 한국어를 배우든지. 가난한 형편에 통역사를 고용하기는 힘들었기에 나는 어학당에 들어가 한국어를 배우는 방법을 선택했다. 우연찮게 서울대학교의 어학당을 다니게 됐는데, 만나는 사람마다 서울대학교야말로 한국에서 가장 좋은 대학이라고 했다. 심지어 어학당 선생님은 수업 첫날 이런 말을 하기도 했다.

"여러분은 서울대학교 학생입니다. 만약 난감한 상황에 놓인다면 그냥 서울대학교 학생이라고 말하세요. 여러분에게 소리를 높이는 사람의 태도가 달라질 거예요. 아니면 주변에서 누구든지 나서서 도와줄 거예요!"

이상한 말이었다. 특정 학교 학생이라는 신분이 문제 상황을 모면하는 수단이 되리라고는 나는 단 한 번도 생각해 본 적이 없었다. 다행히 선생님의 조언이 통하는지 시험해 볼 상황이 벌어지진 않았다. 의도한 건 아니지만 한국에서 가장 좋은 대학을 다닌다는 생각은 나쁘진 않았다.

'그렇다면 독일에서 가장 좋은 대학교는 어딜까?' 하고 생각해 보았다. 쉽게 떠오르지 않았다. 역사가 깊고 이름 있는 대학 몇 개가 떠올랐지만 그곳이 '최고의 대학'이라는 생각은 들지 않았다. 대학에 서열이 있다는 생각 자체를 해본 적이 없었다.

숫자에 대한 강박에서 벗어나는 것이 시스템을 바꾸는 작은 시작인지 모르겠다. 내게 만약 권력이 주어진다면 가장 먼저 순위를 없애고 싶다. 바보 같은 생각이고 현실적이지도 않지만 나도 모르게 상상해 보게 된다. 학생들은 자기 나름의 기준을 가지고 어떤 대학이든 진학할 수 있을 것이다. 집에서 가까운 곳을 택할 수도, 관심 있는 학과가 있는 학교를 택할 수도 있다. 그런 선택을 하는 데 극도의 스트레스나 긴장이 끼어들 필요는 없다.

실제로 나는 집에서 가장 가까운 초등학교를 선택해서 다녔고, 이후에도 평범한 학교들을 다녔다. 성적이 그리 나쁘지도 않았지만 어느 것 하나 두드러지지도 않았다. 운동을 제외하고는 학교 밖에서 별도의 수업을 들은 적은 없었다. 사교육이 전무한 독일에서는 학원을 다닐 필요가 없었다. 그런데도 나는 공부를 하는 동안 독일의 가장 권위 있는 '독일 장학 재단Studienstiftung des deutschen Volkes'을 비롯해 여러 장학금을 받았다. 내 학점이 아주 높았던 것도 아니었다. 나는 순전히 몇 시간 동안 이어진 인터뷰만으로 나의 가능성, 독일이란 나라를 위해 무언가를 할 수 있을 거라는 잠재력을 평가받았다고 생각한다.

결국 스물두 살에 한국이란 낯선 나라에서 새로운 삶을 시작했고, 지금도 여전히 그 용기가 불러온 삶에 만족하며 살고 있다. 내 인생에는 어떤 종류의 서열도 정해 있지 않다. 경쟁에서 우위를 차지하기 위해 시간을 낭비하지도 않는다. 서열을 통해 내 위치를 확인하고, 높은 위치에서 아래에 있는 사람들을 내려다보며 상대적인 만족감을 누리는 것이 행복이라고 생각하지도 않는다.

서열에 익숙한 사고방식은 획일적인 교육법에서 비롯되었다고 할 수 있다. 일방적인 교육과 시험을 통한 등급으로 학생을 평가하는 교육 방식은 지양되어야 한다. 나는 정면 교육법에서 벗어나야 한다고 강조하고 싶다. 정면 교육법이란 주입식 교육이라고 하면 이해가 더 빠를 텐데, 교실 앞쪽에서 선생님이 학생들을 바라보고 일방적으로 가르치는 교육 방식이다.

가르치는 것은 언제나 소통이 전제되어야 한다. 일방적으로 지식을 전달하는 교육은 효과적이지도 못하고 아이들의 사고력 향상에도 도움이 되지 않는다. 궁금한 것이 있어도 질문하지 못하고, 자신의 의견을 내세우지 못하는 교육은 살아 있는 교육이라고 할 수 없다. 교육의 목표는 어디까지나 스스로 생각하는 힘을 기르도록 도와주는 것이다. 생각하는 힘이 있어야 자신의 삶을 개척할 수 있고 그 힘들을 모아 더 나은 사회를 도모할 수 있다. 그것이 없다면 사회는 힘 있는 사람과 복종하는 사람으로만 나뉠 뿐이다. 선생님이라는 권위자의 말에 고개만 끄덕이는 교육이 확실히 알려주는 것이 바로 힘과 복종의 상하 관계다.

　토론은 이 같은 주입식 교육의 훌륭한 대안이다. 수업 시간에 어떤 미술 작품을 놓고 토론을 한다고 생각해 보자. 같은 작품이라도 누군가는 슬프게 느낄 수 있고 또 누군가는 아무 느낌을 받지 못할 수도 있다. 자신의 생각을 이야기하면서 동시에 다른 사람의 의견을 들으면 세상에는 다양한 사고방식이 존재한다는 걸 알게 된다. 그 다양한 생각이 각자의 고유성을 만드는 것이다. 따라서 일련의 토론 수업은 나와 다른 사람들의 개성을 엿보고 이해하는 과정이기도 한다. 나만 옳다는 아집에서 벗어나게 해준다.

　나의 주장을 피력하면서 이를 뒷받침하는 논리를 만드는 것역시 중요한 훈련이다. 주장을 하고 논리를 만들기 위해서는 지식이 필요할 테니 공부는 저절로 이루어진다. 같은 지식을 저마다 어떻게 활용하는지 귀를 기울이고 경청한다면 거기서 또 다른 담론이 탄생할 것이다.

　유감스럽지만 한국에서 나는 토론을 할 때 사람들의 경직된자세를 자주 본다. 그들에게는 토론 주제에 대해 딱 두 개의 의견밖에 존재하지 않는다. 자신의 의견과 잘못된 의견. 몇몇 친구들은 관계가 서먹서먹해질 수도 있으니 절대 정치 얘기는 꺼내지말라고 조언하기도 한다. 정치적인 견해가 다른 친구들과 대화하는 것을 즐기는 나로선 의아한 말이었다. 오히려 나는 그런 대화를 통해 많은 걸 배웠다.

나는 논쟁을 좋아한다. 생각이 다른 주제에 관해 서로의 의견을 주거니 받거니 하는 상황 자체가 흥미롭다. 얼굴을 붉힐 필요도 없고, 기분이 상하지도 않는다. 상대의 말을 잘 듣고 자기의 생각을 돌아보고 점검하는 것은 각자의 몫이다. 이렇게라도 대화를 하는 것이 아무 소통도 하지 않는 것보다 훨씬 가치 있다.

학창 시절 친구 하나가 네오나치즘적인 생각에 빠진 적이 있었다. 극단적이고 폭력적인 행동까지 실행한 건 아니었지만 마음 한구석에 어둡고 이상한 세상을 품고 있었다. 처음에는 그 아이와 친구가 될 수 없을 거라 확신했다. 정치적인 이야기를 주고받는 것도 너무 힘들었다. 하지만 포기하지 않고 계속해서 대화를 나누었고 논쟁도 했다. 결국 친구는 생각을 바꿨다. 옛 시절 논쟁했을 때를 떠올리면 친구는 "창피하니까 그때 얘긴 하지 말자"고 할 정도다. 당시 나와 주변 친구들이 대화조차 거부하고 어울리지 않았다면 어떻게 됐을까? 그 친구는 여전히 어둡고 폭력적인 동굴 속을 헤매고 있을 것이다.

미국에서도 데릴 데이비스Daryl Davis라는 흑인 가수가 백인우월주의 집단인 'KKK'와 친구가 된 흥미로운 이야기가 전해진다.

다큐멘터리로도 만들어졌는데 그는 어린 시절 이유 없이 자신에게 돌을 던지는 백인을 보며 '나를 잘 모르는데 왜 싫어하지?'라는 의문을 품었다고 한다.

그는 답을 찾고 싶었고 KKK의 조직원들을 만나러 다녔다. 당연히 그들은 만나주지 않았다. 협박 전화나 메시지도 많이 받았다. 하지만 그는 계속했고 만나는 조직원들과 논쟁을 시작했다. 그는 자신의 주장만을 펼치지 않았고 그들의 얘기도 주의 깊게 들었다. 말싸움으로 토라진 채 헤어져도 며칠이 지나 다시 연락해서 만나기를 반복했다. 시위를 조직하는 데 문제가 생겼다고 하자 도와주기까지 했다. 그리고 그가 만났던 사람들은 하나둘 KKK를 탈퇴하기 시작했다.

그는 상대를 바꾸려는 목적으로 찾아가지 않았다. 자신의 궁금증을 풀기 위해 대화를 나누고 싶었다. 대화는 결국 사람을 바꾼다. "저런 인간들은 죄다 감빵에 처넣어야 돼"라는 말만 한다고 해서 달라지는 것은 없다. 갈등은 영원히 사라지지 않는다.

나는 칭찬보다 비판에서 배울 점이 많다고 생각한다. 그런 의미에서 이 책이 출간되고 내 의견에 열렬히 반대하는 사람들이 있다면 만나서 대화하고 싶다. 칭찬을 듣는 일은 기분 좋지만, 나를 바꾸고 성장하게 하는 것은 다른 의견을 듣고 수긍하는 순간이다. 비판을 받아들이고 대화할 수 있을 때 배움이 시작되고 더 성숙한 사람이 될 수 있다. 이런 사람들이 건강한 민주주의를 이루는 기둥이 될 거라고 확신한다.

대학에서 교수로 재직하던 시절, 학생들에게 일부러 논쟁적인 질문을 던진 적이 있다.

"독도는 한국 땅인가요? 아니면 일본 땅인가요?"

학생들은 1초도 안 돼 들고 일어났다.

"당연히 한국 땅이지요!"

자연스럽게 다음 질문을 했다.

"왜 그런가요?"

헌데 학생들의 대답은 초라했다. 그저 "원래부터 한국 땅이었어요", "티브이에서 봤어요", "역사학자들이 그렇게 말했어요"라고 답할 뿐이었다.

자신들의 주장을 뒷받침할 만한 근거를 전혀 대지 못한 것이다. 내가 "일본이 그런 주장을 할 때는 나름의 이유가 있지 않을까요?"라고 물었을 때는 아무 답도 듣지 못했다.

뉴스나 유튜브에서 나온 이야기, 누군가에게서 들은 이야기를 앵무새처럼 반복한다면 그것은 자신의 생각을 담은 주장이 아니다. 그저 남의 말을 옮기는 것이다. 스스로 깊이 들여다보고 몰두해서 얻은 해답에는 언제나 나름의 근거가 있기 마련이지만 그런 '복사해서 붙이기'식의 말에는 자신만의 목소리가 담겨 있지 않다. 이런 사람들은 포퓰리즘의 표적이 되기 쉽다. 결국 말로써 대중을 조종하고 선동하는 사람들에게 '내 생각'의 자리를 내줘버리고 만다.

한 사회의 이슈 혹은 담론이 그런 선동가들에게 넘어가는 것은 위험한 일이다. 선동가들이 판치는 세상에선 갈등이 해소되기는커녕 오히려 사람 사이의 구멍만 깊어지고 싸움만 잦아진다. 지난 역사가 깨우쳐 준 교훈이기도 하다.

아이들은 언제나 자기 의견을 말할 수 있어야 하고 다른 생각이라도 거부당하지 않아야 한다. 생각이 다른 친구들의 의견을 존중하고 그들과 더불어 살아가는 방법도 배워야 한다. 토론하는 힘을 기르는 교육은 우리 아이들을 잠재적인 선동가들, 잠재적인 독재자들로부터 보호하는 길이기도 하다. 토론 교육을 통해 아이들은 악질적인 가짜 뉴스에 휘둘리지 않고 불필요한 트렌드에 휘말리지 않을 수 있을 것이다.

토론 교육은 생각할 줄 아는 사람을 만든다. 서열에서 벗어나 각자의 고유성을 인정하고 인정받을 수 있다. 건강한 생각들을 키우고 발전시킨 사람들은 결국 건강한 사람들을 만들고, 건강한 사회는 갈등과 반목의 틈을 메우는 데 공헌할 것이다.

7. 부모는 최선의 가치를 일깨워 주는
인생의 스승

교육이 만들어 내는 악순환의 고리를 끊을 수 있는 실질적인 방법은 무엇일까? 모든 것이 그렇듯 변화는 나부터, 나의 자녀들부터 시작해야 한다.

"애가 커서 어떤 일을 했으면 좋겠어요?"

누군가가 나에게 묻는다.

"행복했으면 좋겠어요."

그가 다시 묻는다.

"아뇨, 그 뜻이 아니라 어떤 직업을 가졌으면 좋겠냐는 질문이에요."

"그냥 뭘 하든 행복하면 될 것 같아요. 아이가 하고 싶은 일이고 만족한다면 괜찮을 것 같은데요?"

이 대목에서 질문한 사람은 어리둥절한 표정을 짓는다. 내 관심사는 아이의 직업이 아니라 행복이니까.

하고 싶은 일을 하지 못하고 원하는 삶을 살지 않는 이들의 마음엔 행복이 들어설 자리가 없다. 나만의 행복 찾기! 결국 내가 이 책을 통해 하고 싶은 이야기이기도 하다. 부모로서 나는 아이가 스스로 행복을 찾을 수 있도록 도와야 한다. 원하는 삶이 무엇인지 스스로 결정하도록 이끌어야 한다. 누구도 알 수 없는 미래를 위해 "이걸 하면 넌 행복할 수 있을 거야, 네 삶에 도움이 될 거야"라며 강요하는 것은 내 역할이 아니다. 그리고 훗날, 아이가 자신의 인생을 충분히 탐험한 후 내리는 결정과 선택은 존중해 줘야 한다.

한국의 부모들은 아이의 인생에서 많은 부분을 결정하고 선택한다. 한때는 결혼을 할 때 예식과 관련한 세부적인 내용까지 부모가 관여하는 것이 이상한 일이 아니었다. 1990년대만 해도 호텔 식당이나 카페 같은 곳에서 양가의 부모님과 함께 앉아 있는 예비 부부들을 많이 보았다. 본인의 결혼이지만 부모의 발언권이 훨씬 커 보였다. 물론 요즘은 그마저도 옛이야기다. 부모는 자식에게 무엇이 최선인지 늘 안다고 생각한다. 사실일 수도 있지만 품 안에 있을 때나 맞는 말일 것이다.

어린 시절일지라도 지나친 개입은 스스로 살아갈 자립심을 기르는 데 전혀 도움이 되지 않는다. 어미 새는 새끼들에게 나는 법을 가르쳐 줄 수 있지만 대신 날아줄 수는 없다. 날개를 펼칠 수 있는 공간을 마련해 주어야 하고 스스로 날 수 있을 때까지 끈기 있게 기다려야 한다. 아기 새는 제대로 날 수 있을 때까지 몇 번의 충돌을 경험할 것이고, 그때마다 아프고 쓰라릴 것이다. 하지만 잘될 때까지 실수하고 실패하는 것이 인생이다. 실패는 삶의 일부이고 가장 강력한 선생님이다.

앞치마를 두르고 요리하는 아빠를 보고 자란 아들은 한때 요리사가 장래 희망이었다. 그 꿈을 펼쳐보고 싶었는지 한번은 부엌에서 채소 자르는 것을 돕다가 셰프용 칼을 사용해 보고 싶다고 했다. 아이가 사용하기에 칼은 굉장히 날카롭고 컸다. 위험하다고 생각했지만 칼을 건넸다.

나는 두 가지를 생각했다. 아이가 만약 손을 베이거나 다치더라도 병원에 가면 그만이고 생명에 지장을 줄 일은 벌어지지 않을 것이다. 이 경우 아이는 칼을 조심히 다루는 법을 배우게 될 것이다. 반면 성공적으로 채소 자르는 일을 마친다면 아이는 큰 칼을 다뤄봤다는 자신감이 붙을 것이다. 그렇다면 나는 그 자신감을 믿어줘야 한다.

"네가 할 수 있는 만큼만 최선을 다하면 되는 거야."

아버지는 항상 나에게 이렇게 말씀하셨다. 우리 귀에 익숙한 "남보다 잘해야 돼!"라는 말과는 전혀 다른 의미가 담겨 있다. '잘한다'는 것은 그 자체로 의미가 있다. 그러나 '남보다 잘'이라는 것은 남이 하는 만큼에 따라 내가 하는 것의 가치를 따지게 된다.

그렇다면 어떻게 '좋은 것'과 '더 좋은' 것을 측정할 수 있는지도 중요한 문제다. "눈먼 자들의 나라에서는 외눈박이가 왕이다"라는 말이 있다. 《우신예찬Encomium Moriae》을 쓴 르네상스 시대의 인문학자 에라스뮈스Desiderius Erasmus. 1469~1536의 말인데 무슨 뜻이 담긴 걸까? 외눈박이는 맹인보다야 시력이 더 낫겠지만, 자신 있을 만큼은 아니다. 남들과의 비교를 통해서 가늠할 수 있는 실력이라면 더 높은 실력을 지닌 사람에 의해 언제든지 무너질 것이다. 그는 애초에 자기 실력이 없는 사람이다. 잘하고 싶다면 비교가 아니라 스스로 최선을 다한 만큼 실력을 쌓으면 된다.

사실 나는 승부욕이 강하고 앞서 나가는 것을 좋아하는 기질을 가지고 있다. 하지만 누군가보다 잘했다고 해서 그 일에 만족하지 않는다. 그보다 내가 스스로 정한 목표를 이루어 냈을 때의 만족감이 더 크다. 그런 성취를 해낼수록 다른 사람의 칭찬이나 비교에 영향을 받지 않는다.

나 역시 아이에게 남들보다 더 잘해야 한다고 강요하지 않는다. 아버지의 가르침대로 그저 자신이 할 수 있는 만큼 최선을 다하라고 가르친다. 다만 더 할 수 있는 잠재력이 있는데도 노력하지 않는 태도에 대해서는 지적한다. 남들보다 앞서는 것이 중요한 게 아니라 스스로의 한계까지는 가봐야 한다고 생각한다. 그래야 자신의 선택에 만족하고 행복을 느낄 수 있을 테니까.

유도의 창시자인 가노 지고로嘉納治五郎. 1860~1938는 이렇게 말했다.

"누군가보다 나은 것이 중요한 것이 아니라 어제보다 나은 것이 중요하다."

이 한마디에 내가 하고 싶은 말이 완벽하게 담겨 있다. 다른 사람과 나를 비교하면서 그들보다 얼마나 더 잘하는지 비교하는 일은 부질없다. 우리는 '오늘의 나'가 '어제의 나'보다 얼마나 더 나아졌는지를 생각해야 한다. 그것이 인생의 성공을 가늠하는 기준이 되어야 한다.

아버지가 세상을 떠난 지 벌써 여러 해가 지났지만 나는 여전히 그분과 함께 있다고 느낀다. 나는 성격이나 기질 모두 아버지와 다르고 다른 삶을 살아가고 있지만, 아버지가 전해준 가르침은 언제나 인생의 나침반이 되어 나를 이끈다. 살면서 여러 스승을 만났지만 아버지처럼 내게 영향을 끼친 스승은 없다. 내가 아들의 스승이 되고 싶은 이유도 여기 있다. 아버지가 내게 그랬던 것처럼 충분한 시간을 함께하면서 인생의 중요한 것들, 옳고 그른 것을 알려주는 나침반이 되고 싶다. 그런 가르침은 학교나 학원에서 배울 수 있는 게 아니다.

지식은 원한다면 어른이 되어서도 배울 수 있지만, 내면의 나침반 같은 존재가 없으면 인생의 방향을 찾아가는 일은 너무도 어렵다. 그런 면에서 교육열이 남다른 한국 사회에서 볼 수 있는 '기러기 아빠'라는 개념은 정말 염려스럽다. 아이의 교육을 위해 가족이 떨어져 지내야 한다는 발상도 이해할 수 없을뿐더러 홀로 남겨진 아빠의 삶도, 가장 필요한 스승을 갖지 못한 채 성장하는 아이들 또한 안타깝다. 아이비리그 대학에 입학하기만 하면 그 잃어버린 시간을 보상받을 수 있을까? 과연 그 성취가 누구를 위한 것이고 그럴 만한 가치가 있는 것인지도 의심스럽다.

무엇보다 가족은 함께 살아야 한다. 서로 가까이 지내며 살도 맞대야 사랑도, 가르침도 잘 스며들고 효과가 있다. 내가 되도록이면 아이가 대학에 들어가기 전까지 가깝게 지내며 많은 추억을 쌓고 싶은 이유도 그 때문이다. 함께 먹고, 자고, 놀고, 모험하며 좋은 친구가 되어야 그 순간순간을 통해 전하고 싶은 말을 할 수 있지 않을까? 실의에 빠졌을 때 함께 고민했던 시간, 방황하

고 힘들어할 때 붙잡아 주고 의지가 되었던 시간을 통해 가르침

은 전해질 것이다.

5장.
**행복한 사회를 꿈꾸는 한국 사람,
당신에게**

종교인이 아닌 이상, 자신이 속한 사회에서 홀로 행복할
수는 없다. 결국 사람들과 사회를 이해하고 더 나은 방향
으로 바꿔 나갈 방법을 모색해야 한다. 한국 사람의 삶과
일상에 유무형으로 영향을 끼치는 것들은 무엇이 있을까?
매우 개인적이지만, 나의 눈에 포착된 행복을 가로막고 있
는 문제점들을 이번 장에서 이야기하고 싶다.

1. 누군가를 지워버리기 전에
생각해야 할 것들

인간은 탄생도, 죽음도 완벽하지 않다. 불완전한 우리는 완전함을 향해 나아가고 완전하기를 열망할 뿐이다. 인생에서 중요한 두 가지 사실은 누구나 실수를 하고 실수를 통해 배운다는 것이다. 기술과 지식뿐 아니라 인격 또한 일생 동안 배워야 할 존재다. 인간은 배워야 할 존재이기에 학교가 있고, 잘못을 저지르지만 반성하고 변할 수 있다고 믿기에 교도소가 있다. 인류는 무엇이든 배워서 성장하고 더 나은 존재가 될 수 있는 잠재력을 지니고 있다.

언행이 많이 기록되지도, 알려지지도 않았던 시절에는 과거의 잘못을 잊는 것이 쉬웠다. 사람들의 말과 행동은 쉽게 잊혔고 잘 알 수도 없었다. 모든 걸 기억할 필요도 없었다. 돌이켜 보면 나 역시 지난날 바보 같은 말과 행동을 한 적이 많았다. 한때의 잘못된 언행이 내 머릿속에는 남아 있지만 기록으로 남아 있지는 않다. 그렇게 잊히는 것이 다행이라는 생각도 든다. 내가 바보 같은 말과 행동을 할 때마다 누군가가 영상을 찍어두었다면 나는 아마 인종 차별주의자에 성적 소수자와 여성을 싫어하는 인간으로 낙인이 찍혔을지도 모르겠다.

하지만 그런 말을 했을 당시에도, 지금도 그건 전혀 사실이 아니다. 어떤 상황, 어떤 순간에 내가 뱉은 헛소리로 나라는 사람과 인생을 규정할 수는 없다. 말 한마디, 사소한 행동은 문맥과 상황을 파악해야 한다. 분노에 찬 누군가가 내뱉은 욕지거리로 그 사람을 정의 내릴 수는 없다.

요즘은 많이 달라졌다. 사람들은 더 이상 화장실 문이나 벽에 바보 같은 말을 쓰지 않는다. 대신 인터넷에 올린다. 누군가의 기록을 뒤져 보면 그가 남긴 댓글, 블로그 포스팅, '좋아요' 혹은 '싫어요'를 누른 기록까지 많은 것을 찾아낼 수 있다.

한국은 세계적으로 스마트폰 보급률이 굉장히 높은 국가다. 기록을 남기는 데 아주 완벽한 기기를 사람들이 하루 종일 들고 다닌다. 덕분에 일상의 곳곳에 자신의 흔적이 수시로 뿌려지고 기록된다. 원하든 원치 않든 말과 행동이 녹음되고 찍히기도 한다. 훗날 어떤 과거가 튀어나와 우리를 괴롭힐 줄 아무도 모르는 것이다. 그런 기록들은 사람 사이의 관계를 파괴할 수도, 직업을 잃게 만들 수도, 심지어 법의 심판을 받게 할 수도 있다.

사회적으로 지탄받아야 하는 범법 행위를 말하는 것이 아니다. 술자리에서의 말 한마디, 순간 제한 속도를 넘긴 도로 위에서의 질주, 누군가와 주고받은 문자 등 완벽하지 않은 우리가 저지르는 무엇이든 대상이 될 수 있다. 그럼에도 SNS 시대의 우리는 일면식도 없는 누군가에게 잘 보이기 위해 많은 개인적인 것들을 드러낸다. 지난날 개인의 사생활과 인권을 보호하고 보장 받기 위해 부단히 싸우고 쟁취했던 역사가 무색하게도 너무나 자연스럽고 흔쾌하게 '나'에 관한 많은 정보를 노출하고 선보인다. 불특정한 타인에게 잘 보이기 위해 개인적인 것들을 노출하는 이런 방식은 10년 전만 해도 상상할 수 없었다.

온라인에서 남들과 나를 비교하고 나의 사생활을 전시하듯 드러내는 행위들이 이 시대의 특징으로 자리 잡고 있다면 또 다른 한 켠에는 타인을 평가하고 판단해서 응징하는 행위 역시 성행하고 있다. 이른바 온라인 몹mob의 활동인데, 이들은 새로운 차원의 사법기관으로 군림하며 타인의 인생을 심판하고 있다. 거슬러 올라가면 암흑시대부터 지금에 이르기까지 물리력을 행사하며 폭동을 일으키는 사람들은 존재했다. 쇠스랑과 횃불로 무장한 폭도들이 건물을 파괴하고 불 지르고 사람을 죽이는 행위는 분명한 범법이지만 권력자들은 때로 묵인했다. 성난 군중의 목소리가 일종의 민심이었고, 권력을 유지하기 위해 그것을 용인할 필요가 있었기 때문이다.

지금의 몹은 디지털 쇠스랑과 횃불로 무장한 키보드 워리어들이다. 그들은 인터넷에 모욕과 비방의 언어를 뿌리고 다니며 광장에서 이뤄지는 군중 재판처럼 특정인을 온라인 교차로로 내몰고 사회적 매장을 위해 온 힘을 쏟고 있다. 교차로에 내몰린 사람들은 공인이나 유명인만이 아니다. 누구든 온라인 몹의 대상이 될 수 있고 언젠가 그 자리에 자신의 이름 석 자가 걸릴 수도 있다.

지금보다 자주 티브이 프로그램에 출연할 때 나 역시 온라인 몹의 표적이 되었다. 내가 한 말들은 전체적 의미에서 이해되기보다 특정 부분만 잘린 채 전시되었고, 덕분에 나는 돌멩이 세례를 받았다. 한국을 떠나라는 말은 점잖은 축에 낄 정도로 그보다 더한 욕설과 비방이 쏟아졌다. 몹시 불쾌했다. 내가 프로그램에 출연해서 내 의견을 말하는 이유는 인기를 얻으려는 목적이 아니었다. 내 생각을 자유롭게 표현하고 싶기 때문이었다.

간혹 프로그램 제작자들이 카메라가 켜지기 전에 당부하기도 했다.

"안톤 씨, 저도 당신 의견에 동의해요. 하지만 생방송 중에는 그렇게 말하지 않았으면 좋겠어요. 안 좋은 댓글이 달릴 거예요."

심지어 함께 출연한 사람 역시 카메라 앞에서는 사석에서 말한 것과 전혀 다른 말을 하기도 했다. 나는 자주 여론의 뭇매를 맞았고, 프로그램에서 하차하라는 비난을 받았다.

그런데 과연 누군가를 손가락질하고 비난하기 전에 그 사람이 한 말을 이해해 보려고 노력한 사람은 얼마나 있을까? 문맥을 이해하는 것이 아니라 듣고 싶지 않은 한마디만 떼어내고 이를 비난한 것이 과연 바람직한 소통이 될까? 발언의 시작과 끝을 잘 들어본다면 내가 생각해 보지 못한 관점을 알게 되고, 몰랐던 사실도 알 수 있다. 설령 반대되는 의견이라 하더라도 받아들일 수 있는 여지를 발견할 수도 있다. 누구의 의견이든 간에 비난하기에 앞서 마음으로 동의하지 못하더라도 귀 기울여 듣는 자세는 필요하다.

한 시간짜리 프로그램을 위해 하루 종일 녹화를 하고 난 다음, 나는 티브이에서 본방을 시청하며 제작자의 의도를 파악할 수 있었다. 녹화 영상을 편집하는 것은 당연한 절차이지만 발언의 어느 부분이 잘려 나가고 어느 부분이 방송을 타느냐는 PD의 주관에 따른 것이다. 보아하니 나의 생각이 방송국의 정치적인 노선, 다수의 여론과 잘 맞지 않으면 확실히 편집을 통해 삭제되었다. 편집이 아니라 검열이 된 듯했다.

나와 다른 견해를 차단하고 심지어 그 견해를 남긴 사람까지 추방하려는 경향, 이른바 '삭제 문화'[23]라고 불리는 이 같은 현상은 요즘 내가 한국의 온라인 문화에서 느끼는 가장 큰 문제다. 반대 의견을 인정하지 않으며, 그것을 비난하고 제압하려는 현상은 사실 오래되었다. 아마 인류가 존재한 순간부터 있었을 것이다. 기술이 놀라울 만큼 발전하면서 이 문제는 새로운 차원으로 접어들었다. 자신의 말과 행동이 24시간 동안 감시 받는 세상에 살고 싶은 사람은 아무도 없지만 이미 우리는 서로를 감시하고 스스로 검열하고 있는지 모른다.

미국에서 '삭제 문화' 현상은 흔히 'PC'[24]라고 불리는 운동과 요 몇 년 동안 미국 사회에서 논쟁 중인 'woke culture'[25]와 밀접한 관련이 있다. 사회의 편견이나 차별을 타파하기 위해 출발했지만 다른 의견을 대하는 자세에서 비슷한 모습을 보인 것이다. 미국의 코미디언 조지 칼린의 눈에도 그런 태도는 거슬렸던 것

---

23 cancel culture. 미국뿐만 아니라 유럽과 세계 다른 지역에서도 활발하게 논쟁되고 있는 온라인 왕따 문화. 사회나 집단, 특히 소셜 미디어에서 불쾌하게 하는 말이나 행동을 했다는 이유로 거부하거나, 지지를 중단하는 행태를 이른다. 여기서 삭제를 뜻하는 cancel을 사용하는 것은 '너를 내 세상에서 지우겠다'는 의미를 담고 있으며 해시태그를 주무기로 삼고 있다.

같다. 그는 생전에 PC에 관한 여러 말을 남겼는데, 당시만 해도 '삭제 문화'의 개념은 아직 등장하지 않았지만, PC에서 그러한 조짐들이 보였다. 미국 사회와 정치에 관해 촉각을 곤두세우고 여지없는 비평의 칼날을 들이댄 그에게 PC는 '예의의 탈을 뒤집어쓴 파시즘'이었다.

"PC는 미국에서 새로운 형태의 편협함이다. 관용의 탈을 쓰고 있기 때문에 더더욱 악의적이다. PC는 공정함을 명분 삼아 엄격한 규칙과 코드로 사람들의 언어를 제한하고 통제하려 한다. 과연 그것이 차별과 싸우는 방법인지 의심스럽다."

나와 다른 의견을 어떻게 다룰 것인가에 관한 이 같은 사회 현상은 온라인 문화가 발달한 곳이라면 어디에서나 촉발할 수 있고 이미 벌어지고 있다.

"나는 당신의 말에 동의하지 않지만 당신이 그 말을 할 권리를

---

24 Political Correctness. 편견이나 차별이 섞인 행동이나 언어적 표현을 쓰지 말자는 사회적 운동을 이르는 말로 '정치적 올바름', '정치적 공정성' 등으로 번역할 수 있다. 1980년대부터 미국을 중심으로 전개되었으며 세계 여러 나라에 영향을 미쳤는데, 출신이나 인종, 성적 지향 혹은 정체성, 장애, 종교, 직업, 나이 등을 기반으로 한 차별 혹은 혐오 발언을 지양하고 이를 시정하게 하는 데 성과를 거두었다.

25 woke. 인종 차별 혹은 사회의 억압과 불의를 의식하는 것, 깨어 있는 것. '깨어 있다'는 의미인 'awake'를 미국 흑인들이 인종적 편견과 차별에 대한 자각에 대한 개념으로 사용한 언어. 2014년 경찰의 총격으로 사망한 마이클 브라운 사건 이후 인종 차별을 비롯해 사회의 억압과 불의를 의식하고 이를 개선하기 위해 적극적으로 동참하자는 운동의 일환으로 대중화되었다. PC와 마찬가지로 반대되는 의견을 피력하는 이들에 대한 적극적인 비판과 제지가 이뤄지면서 미국 내 진보주의자와 보수주의자 사이의 갈등 요소가 되기도 한다.

옹호하기 위해 죽음도 불사하겠다."

볼테르가 남긴 명언으로 잘못 알려져 있는데, 사실 이 말은 영국 작가 에블린 베아트리스 홀Evelyn Beatrice Hall. 1868~1956이 1906년에 쓴 책,《볼테르의 친구들》에서 썼던 한 구절이다. 그녀의 이 말은 내 저널리즘 작업의 토대이자 우리가 개방적이고 민주적인 사회에서 함께 살아갈 수 있다는 믿음의 버팀목이 되기도 한다. 동의하지는 않지만 타인의 권리를 위해 기꺼이 싸우겠다는 신념은 한 세기 이상 많은 자유주의자와 민주주의자 들의 표준이었다. 하지만 위에서 언급한 '삭제 문화'와 'PC'가 횡행하는 요즘은 많이 달라졌다. 요즘 온라인 문화를 반영하면 다음과 같은 말로 바뀔 것이다.

"나는 당신의 말에 동의하지 않는다. 때문에 당신에게 공개적으로 수치심을 줄 것이며, 당신을 검열하고 당신이 직장에서 해고당할 수 있도록 노력할 것이다."

이런 분위기 속에서는 더 이상 대화를 나눌 수 없다. 정치나 사회적인 이슈에 관해서는 더더욱 그렇다. 타인의 의견 따위는 관심도 없으며 그것이 나와 다르면 수치스럽게 만들고 시야에서 사라지게 만들어야 직성이 풀린다. 비단 한국만의 문제는 아니지만 한국에 살고 있는 나는 이 사회에서 그 강도가 점점 더 세지고 있는 것을 체감한다.

내가 말하는 발언의 자유는 어떤 파장이 있을지 고려하지 않고 아무 말이나 해도 된다는 뜻이 아니다. 나는 우리가 혐오 발언과 모욕적인 언어는 물론 가짜 뉴스의 확산이나 의도적인 역사 왜곡 같은 것을 최소화하기 위해 지속적인 노력을 해야 한다고 생각한다.

헌데 여기서도 구별이 좀 필요하다. 공공연히 혐오 발언을 일삼고 가짜 뉴스를 퍼트리는 행동과 동의할 수는 없지만 다른 의견을 표현하는 행위 사이에는 확실히 구별되는 선이 있다. 전자는 싸워야 할 대상이고, 후자는 이야기를 함께 나눠야 할 대상이다. 그런데 이 '필요한' 선을 구분하는 것도 쉬운 일은 아니다. 모호한 경우가 많다. 마치 명예훼손의 의도가 명백한 발언인지, 그저 의견이 다른 발언인지 구분하기 힘든 것과 마찬가지다. 때문에 어떤 사건이나 누군가의 발언을 살필 때는 세심하고 꼼꼼하게 전후의 상황을 들여다봐야 한다.

발언의 자유와 언론의 자유가 있는 세상에서 살고 싶다면 모든 사람이 항상 나의 의견에 동의하지 않는다는 전제를 받아들여야 한다. 이 같은 자유를 제한하면 언제나 전체주의적인 사회로 퇴화했다. 독일과 한국 모두 역사적으로 경험한 바 있다. 누구도 그 길을 다시 가고 싶어 하지 않을 것이다.

2. 기억해서 배워야 하는 역사

나와 다른 견해를 '삭제'하려는 경향은 떠올리고 싶지 않은 역사를 지우는 행위와도 맥락이 닿아 있다. 한국에서 잊고 싶은 역사는 무엇일까? 아마도 1910년부터 1945년까지의 시간, 일제강점기일 것이다. 철저하게 억압받고 수탈당했던 그 시간 동안 한국은 많은 고통을 입었다. 오랜 시간이 지났지만 그 상처는 여전히 사회 곳곳에 남아 있다.

내가 처음으로 경복궁에 갔을 때만 해도 조선총독부의 건물이 남아 있었다. 일본 식민 통치 시절의 상징과도 같았던 그 건물은 한국의 정신과 문화를 말살하려는 적나라한 의도를 위풍당당하게 드러낸 건축물이었는데, 당시에는 국립중앙박물관으로 사용되고 있었다. 찬반 의견이 분분한 가운데 건물이 철거된 때는 1995년이었다.

철거해야 하는 의미와 이유는 물론 이해한다. 경복궁의 본래 모습을 되찾는 것도 굉장히 중요한 일이다. 하지만 그 건물은 한국의 관점에서 보면 우리의 얼과 문화를 없애고 영원히 지배하려 했던 일본의 야욕이 실패했다는 것을 상징하기도 한다. 한국 사람에게도, 한국을 찾는 외국인에게도 지난 역사를 확실히 증언해 주는 교육 현장이 될 수도 있다.

개인적인 생각이지만 완전히 파괴하는 것보다 일본의 만행과 과오를 알리는 박물관으로 남겨 두었다면 어땠을까 생각해 본다. 역사는 지우고 없앤다고 해서 사라지지 않는다. 사건이 벌어졌고, 벌어진 사건을 기억하는 건 중요하다.

과거를 지우는 작업은 세계 곳곳에서 벌어지고 있다. 미미하지만 독일에서도 벌어지고 있다. 역사적 인물에 대한 평가가 달라지면서 옛 국가 영웅의 이름을 딴 도로명이 달라지거나 동상이 철거된다. 그 인물이 더 이상 위대한 정복자나 영웅이 아닌 약탈자가 되고, 그의 업적은 악당이 벌인 소행과 다름없기에 기념비는 파괴되고 사라져야 한다는 논리다. 하지만 그런 주장은 역사에 잘못 접근하는 방법이다. 역사는 잊을 뿐 지울 수 없다. 그리고 역사를 잊는다는 것은 역사 속에서 자행된 실수를 반복할 수 있는 가능성을 높이는 것과 같다. 최악의 인물일지라도 동상을 남겨두고 거리 이름을 바꾸지 않는다면 사람들은 끊임없이 그를 떠올릴 것이다. 이런 인물이 한때 미화되었던 사실을 통해 아이들에게 역사의 진실을 확실하게 가르칠 수도 있다.

과거의 유물은 세 가지 메시지를 전해준다. 첫째, 역사적 인물이 어떤 삶을 살았는지에 관한 이야기를 일러준다. 둘째, 그를 기념하기 위해 남긴 동상이나 조각을 통해 당시 왜 그런 유물을 만들었는지, 그 시대가 따르던 가치는 무엇이었는지를 알 수 있다. 마지막으로 우리의 현재 인식을 알 수 있다. 과거 한 시대의 영웅을 지금 우리는 어떻게 바라보고 있는지 혹은 바라봐야 하는지에 대한 토론을 할 수 있다. 유물들이 철거되고 사라진다면 부도덕한 사람의 흔적은 더 이상 남아 있지 않을 것이다. 하지만 그들의 실수, 동상을 설치한 사회의 실수로부터 배울 수 있는 교훈 역시 더 이상 남아 있지 않게 된다. 그저 동상을 철거할 것이 아니라 그 인물의 생전 활동에 새로운 내용을 명판에 추가하거나 다시 설치하여 사람들에게 알리는 게 더 좋지 않을까? 이렇게 하면 사실을 외면하지 않고 역사적 진실을 성찰해 나갈 수 있다.

요즘 시대의 잣대로 과거의 인물들을 판단해서 역사의 무대 위에서 퇴장시킨다면 어떤 영웅이나 위인도 남아 있지 않을 것이다. 한 예로 마르틴 루터Martin Luther. 1483~1546는 독일을 대표하는 역사적 인물이자 오늘날 개신교의 토대를 만든 종교개혁가다. 루터파 교회는 여전히 건재하며 그의 동상과 그의 이름을 딴 광장도 남아 있다.

세계 역사에 강력한 발자취를 남긴 루터는 1543년 〈유대인과 그들의 거짓말〉이라는 글을 썼는데, 6만5천 단어 분량의 논문에는 유대인을 향한 날 선 비판과 공격이 담겨 있으며 지금까지 네오나치즘과 반유대주의 단체의 선전물로 재생산되고 있다. 히틀러는 《나의 투쟁》에서 루터를 치켜세우기도 했다.

그렇다면 루터가 한 말들 때문에 모든 개신교회는 없애야 하는가? 요즘의 삭제 문화 논리라면 그래야 한다고 말할 수도 있다. 또한 교회 건물은 모두 사라져야 한다고 요구해야 맞다. 내가 자란 독일의 집 근처에는 여전히 루터교회가 있다. 나는 비록 개신교 신자가 아니지만 어린 시절 크리스마스마다 찾았던 추억이 담긴 그곳을 사랑하고 기억한다. 그에 관한 여러 가지 복잡한 이슈가 있음에도, 또한 루터 자신 역시 교회 건물을 가리켜 '이것저것이 뒤섞인 역사적 행위'라고 폄하했음에도 불구하고 그곳은 여전히 '루터'라는 이름으로 불리고 있다.

다른 시대의 사람, 우리와 다른 상황에서 살았던 사람들을 너무 쉽게 판단하는 것은 주의해야 한다. 이 시대가 도덕적 관점에서 우월하다는 인식하에 과거의 사건을 소급해 따지고 당시의 사람들을 판단하는 것은 쉽다. 하지만 우리는 과거를 살아보지 않았다. 실제로 그 시대에 살았다면 내가 지금 심판하고 침 뱉는 그들보다 더 나은 행동을 했을지도 확신할 수 없다. 과거의 인물과 그들을 기리는 유물에 대해 비판적으로 토론하고 그에 따른 판단을 내리는 것은 꼭 필요하고 중요한 일이다. 하지만 과거의 어떤 사실을 '지우는' 행위는 아무런 도움도 되지 않을 뿐 아니라 위험하기도 하다. 역사는 여기서 끝나지 않는다. 역사는 계속 흐르고 우리 역시 미래에는 역사가 된다. 이는 우리가 과거를 판단하는 것처럼 우리의 후손 역시 이 시대를 판단하고 지금의 우리를 규정한다는 의미이기도 하다.

그레타 툰베리[26]는 이미 우리를 향해 말했다.

"당신들이 감히 어떻게!"

그녀의 지적대로 우리는 지구를 향해 감히 저질러서는 안 되는 행동을 하고 있는지도 모른다. 실제로 50년 후쯤에는 지금처럼 무분별하게 플라스틱을 사용하는 사람에게 범법자의 낙인이 찍힐지도 모를 일이다. 그 같은 미래의 기준에서 지금의 우리는 모두 범법자이거나 무식한 환경 파괴자다. 그러나 지금 우리는

---

26 Greta Thunberg. 2003~. 스웨덴 태생으로 어린 시절부터 환경 분야에서 활발히 활동하고 있는 운동가.

그런 취급을 당하고 있지 않다. 당장은 플라스틱을 썼다고 해서 감옥에 가지는 않는다.

스스로가 도덕적 진화의 정점에 있다는 오만한 생각을 우리는 늘 경계해야 한다. 그 착각을 근거로 과거를 향해, 타인을 향해 삿대질하는 행동에 신중해야 한다.

3. 손가락 사법권의
권리와 의무

세상은 매일 가상의 세계로 이동하고 있다. 우리는 점점 개인 간의 접촉이 사라져 가고 있는 시대에 살고 있다. 그에 비해 인터넷 세상에서 비판과 모욕이 성행하고 있는 현상을 보면 우리는 점점 더 무례하고 관용 없는 세상으로 나아가고 있는 것이 아닐까 걱정이 든다. 우리는 전화를 걸어 상대의 목소리를 듣는 것조차 달가워하지 않는다. 앱을 이용하거나 비대면인 상황을 훨씬 편리하고 편안하게 여긴다. 이제 전기와 전자를 통하지 않은 연결은 가능하지도 않거니와 바라지도 않는다.

덕분에 우리는 점점 단절되고 있으며 서로서로 멀어졌다. 그러나 이런 가상 사회에서 신체는 덜 노출될지 몰라도 우리의 정신은 더 많이 노출되어 있다. 인터넷에서 누군가를 때리는 행위는 실제 현실에서 누군가를 괴롭히는 행위와 다를 바 없다. 폭력 앞에서 마음은 육체처럼 연약하다. 치유하기까지 걸리는 시간은 몸보다 마음이 더 길다. 육체적인 상처는 완쾌될지 몰라도 마음속에 각인된 상처는 치유하지 못한 채 안고 살아가는 사람들도 많다.

많은 사람이 타인의 비판을 두려워한다. 무자비한 이들의 폭력은 통제가 불가능할 정도로 강력해서 급기야 누군가를 죽음으로 내몰기까지 한다. 때론 온라인 몹이 사법적 판결보다 더 두렵다. 닉네임과 아바타 뒤에서 자행되는 판결은 다른 견해들을 재빠르게 묵살하고 제압한다. 그들이 정한 규칙과 법규에 따라 손쉽게 죄의 유무가 결론 난다.

증거나 진위 여부는 중요하지 않다. 그런 것들 때문에 재미를 망칠 수는 없다. 그들이 원하는 것은 진실을 찾기 위해 의견을 나누고 토론을 하는 것이 아니다. 목표 대상이 시야에서 사라질 때까지, 존재하지 않은 것처럼 제거될 때까지 모욕을 주고 '삭제'를 요구하는 것이다. 요구가 잠잠해지더라도 비판의 흔적은 영원히 기록에 남으며 평생의 꼬리표가 된다. 탄원서를 내고 편지를 쓰는 수고로움도 없다. 판결은 손가락만 움직여도 손쉽게 내려진다. 혹 판결이 잘못되었다면? 상관없다. 내 손가락은 책임질 필요가 없으니까.

"세상은 어지럽다. 모호하기도 하다. 정말 좋은 일을 하는 사람도 결점이 있을 수 있다. 당신이 싸우는 그 사람도 마찬가지다. 그는 자신의 아이들을 사랑하고, 당신과 함께 무언가를 나눌 수 있는 사람이다."

온라인 몹의 판결과 '삭제 문화'에 대해 버락 오바마는 위와 같은 말을 남겼다. 흑백으로 간단히 나눌 수 없는 어지러운 세상에서 누구나 실수를 할 수 있으며, 실수를 저지른 그 사람 역시 나와 같은 사람이라는 이야기다. 옳고 그름을 판단할 수는 있지만 누군가의 삶 전체를 재단할 수는 없다는 뜻이기도 하다. 비판은 살아 있어야 한다. 하지만 우리에게 이로운 것은 누군가의 인생을 중도 하차시키는 것이 아니라 비판을 통해 서로의 성장을 돕는 것이지 않을까?

내가 주의 깊게 눈여겨보는 사회적 현상들이 있다. 현대적 관점으로 예술 작품을 판단하는 것과 '의심스러운' 예술가의 작품을 비난하는 의견이 종종 충돌하고 있다. 몇 년 전 뉴욕 메트로폴리탄 미술관은 한 그림을 철거하라는 요구를 받았다. 프랑스 화가 발튀스Balthus. 1908~2001의 1938년도 작품 〈꿈꾸는 테레즈Thérèse Dreaming〉였는데, 그림 속 미성년자인 소녀의 포즈가 성적인 행동을 연상시킨다는 항의를 받은 것이다. 하지만 미술관 측은 이 요구를 거부했다.

이렇듯 예술작품을 두고 많은 논란이 벌어지는 일들이 굉장히 많다. 그렇다면 이제 우리는 유럽의 수많은 그리스나 로마 스타일의 조각상들, 심지어 성기를 드러내고 있는 나체의 남녀들을 없애야 할까?

당시 뉴욕 메트로폴리탄 미술관 대변인인 켄 와인Ken Weine은 이렇게 말했다.

"이런 일들은 대화의 기회를 제공한다. 시각예술은 과거와 현재를 모두 비추면서 창의적 표현에 대한 유익한 토론과 존중을 통해 현존하는 문화의 지속적인 진화를 장려하는 아주 중요한 수단이다."

나는 그의 말에 더 덧붙일 것이 없다.

한국 역시 미투운동 과정에서 혐의가 폭로된 고은 시인의 작품을 교과서에서 삭제하고 있으며, 김기덕 감독의 영화를 상영하거나 보는 것이 적절한지에 관한 여러 논의가 있었다. 나는 창작자가 도덕적인 잘못을 저지르고 불법적인 일을 했을지도 모른다는 이유만으로 중요한 예술 작품을 없애려는 노력을 보는 것이 매우 불편하다. 역사를 충분히 오랫동안 파헤쳐 본다면 여전히 작품을 보고 감탄할 수 있을 만큼 완벽하게 깨끗하고 순수한 삶을 살았을지도 모르는 예술가들, 다시 말해 요즘의 PC와

WOKE의 기준에 부합할 만한 삶을 살았던 화가나 작가, 음악가, 철학자 들은 별로 없을 것이다.

　사람들, 심지어 유명한 예술가들 역시 나쁜 짓을 하면 벌을 받아야 할까? 물론이다. 당연하다. 하지만 그들의 놀라운 작품까지 '정치적 올바름'이라는 장작더미 위에 올려져야 할까? 결정은 매우 조심스러워야 한다. 진심으로 숙고해 봐야 한다. 만약 그 작품들이 불타도록 내버려 둔다면 우리 앞에 남겨질 세상은 기껏해야 창백하고 살균된 세상이지 않을까?

　앞서 말했듯 이런 현상들은 흑백논리로 결정할 수 있는 것이 아니다. 이 문제를 두고 의견을 나누고 토론하는 것은 환영할 만한 일이다. 하지만 우리가 이 논의를 어떤 식으로 어떤 방향으로 다룰 것인지는 여전히 중요한 문제다.

　한국인이라면 누구나 '동방예의지국'이라는 표현을 들어봤을 것이다. 한국인은 누구보다 도덕과 예의를 중요시하는 민족이다. 실제로 한국인이 예를 갖춰 타인을 대하고 있느냐의 문제는 뒤로하고라도 인터넷에서의 예절은 돌아봐야 할 점들이 있다. 온갖 혐오와 차별의 말을 내뱉던 '일베' 역시 예전에는 특정 커뮤니티 내에 조심스럽게 존재했다면 지금은 어디에서나 버젓이 존재하는 것 같다.

나는 나에게 악플을 다는 사람들을 만나보고 싶었다. 그의 판단이 어디서 근거했는지 묻고 이야기를 나누고 싶었다. 그리고 궁금했다. 타인을 향한 무조건적인 비판과 악담을 퍼부을 수 있는 배짱이 현실에서도 발휘될 수 있는지 확인해 보고 싶었다. 100퍼센트 확신할 수 없지만 그들은 아마 상대의 면전에서는 겸손하고 예의 바른 행동을 할 것이다. 그들의 무대는 현실이 아닌 인터넷, 얼굴을 숨기고 손가락만 움직이면 되는 가상의 공간이기 때문이다.

우리는 누가 무엇을 하고 누구를 만나는지에 대해 관심을 줄일 필요가 있다. 타인의 사생활보다 신경 써야 할 것들은 많다. 나를 돌아보고 해결해야 할 문제들을 파악하는 것이 훨씬 시급하고 중요하다. 우리는 실수를 통해 배우고 발전하는 존재다. 문명사회의 뼈대는 과거의 실수를 인정하는 토대 위에서 세워졌다. 하지만 요사이 누군가가 자신의 실수를 인정하는 순간, 사람들의 즉각적인 처벌이 가해진다.

배우 리암 니슨은 인터뷰 도중 흑인에게 성폭행당한 지인의 사건을 이야기하며 흑인을 죽이고 싶었다는 고백을 해 논란이 일었다. 인터뷰 자리에서 그는 당시 감정과 행동에 대해 후회한다고도 말했지만 그가 참가하기로 한 행사는 취소되었고, 영화도 흥행하지 못했다. 무엇보다 리암 니슨이라는 이름 뒤에는 '인종 차별주의자'라는 낙인의 기록이 남게 되었다. 맷 데이먼 역시 비슷한 길을 걸었다. 동성애자를 비하하는 단어를 입에 올린 적이 있고 그런 발언을 한 행동을 반성하고 있다고 했지만, 그에게 돌아온 것은 '동성애를 혐오하는 배우'라는 낙인이었다.

사람들은 실수에 대한 후회와 반성이 아니라 그런 실수를 저지른 찰나에 큰 비중을 두고 그것으로 심판을 내린 셈이다. 지난날의 과오를 고백하는 솔직함과 용기는 칭찬받지 못한다. 잘못은 지난날의 실수가 아니라 현재의 그를 판단하는 전부가 된다. 때문에 '반성하는 자'는 사라지고 '실수한 누구나'가 십자가에 오르는 것이다.

미투운동 방식에 문제가 있다고 말하는 사람이 무조건 여성 혐오자는 아니며, 외국인에 대한 두려움을 드러내는 사람이 의심할 여지 없는 인종 차별주의자는 아니다. 어떤 발언도 상황과 문맥이 있다. 그 의도를 살피고 파악하는 자세가 필요하다. 그런 것들을 무시하고 말 몇 마디로 누군가를 매도하는 것은 매우 편협한 사고방식이다. 어디서든 내 이야기를 엿듣는 귀가 있으면 조금이라도 잘못된 말과 행동을 한 순간 삶이 송두리째 흔들릴 것이기 때문이다.

성경에서 내가 가장 좋아하는 구절은 예수가 간음을 한 여자를 둘러싼 사람들을 향해 "너희 중 죄 없는 자가 먼저 돌로 쳐라"

고 말한 요한복음의 이야기다. 특히 인터넷에서 악플을 남기는 사람들에게 일러주고 싶은 대목이다. 누군가를 공격하고 구석으로 몰아 공개적으로 자신의 잘못을 시인하고 사과하게 하고, 그러지 않겠다는 약속을 받아낸 것은 어두운 만족감만 충족시킬 뿐이다. 우리 사회를 개선할 수 있는 방법이 아니다. 악플러들이 누군가를 굴복시키는 힘을 현실에서 쥐고 있는 경우는 드물다. 공격 대상을 찾아 괴롭히는 행위는 어린아이들이 작은 벌레를 괴롭히고 죽이는 것과 다르지 않다.

보다 조화로운 사회를 만들고 싶은 마음이 있다면 극단적인 판단은 자제하자. 먹잇감을 찾듯 타인의 실수를 사냥하는 습관을 멈춰야 한다. 물론 불의에 맞서 항의하고 연대해야 한다면 힘을 보태야 한다. 우리 사회 또한 깨어 있는 시민의 힘으로 개선되고 발전되어 왔다.

누군가의 삶을 규정하고 판단하기 전에 우선 자기 자신을 돌아보자. 나는 왜 이토록 그의 잘못에 화가 나는지, 왜 그가 처벌받기를 바라는지 스스로에게 물어보자. 어쩌면 내 내면 속에서 나의 불안이, 나의 질투가 손을 들고 나올지 모른다. 내가 갖지 못한 걸 가진 그가 고통 받기를 바라는 것은 아닌지, 그의 불행으로 나의 불안이 해소되길 바라는 것은 아닌지 솔직한 감정과 생각의 원인을 깨달아야 한다.

버락 오바마 또한 소셜 미디어의 폐단에 대한 염려를 공개적으로 표현했다. 누군가가 잘못했다고 판단하고 트윗을 날리고 해시태그를 달면서 '봤지? 나는 깨어 있어woke, 내가 그를 삭제했어cancel, call out'라고 생각하는 것은 정치적 행동이 아니라고 했다. 그것으로 변화를 이룰 수는 없다.

민주주의 사회에는 늘 다양한 의견과 갈등이 공존한다. 다양성이 존중되기에 민주주의 사회로 인정받는 것이다. 한 가지 의견만 강요하는 것은 독재나 다름없다. 그런 면에서 지금 한국 사회의 온라인 몹 현상은 상당히 우려된다. 우리는 모두 자유롭게 발언할 권리를 누리고 있지만, 내가 남긴 흔적이 온전하게 기록으로 남아 있는 이 시대에 말과 행동이 조심스러울 수밖에 없다. 스스로 언행을 가려서 하고 타인을 향한 의견이 악의적인 글과 근거 없는 소문에 편승하는 것은 아닌지 조심해야 한다.

하지만 민주주의 사회의 일원인 우리는 자신의 생각과 신념을 주저 없이 이야기할 수 있어야 한다. 사회적으로 민감한 문제에 대한 다양한 의견에 귀 기울이고 방법을 함께 모색할 수 있어야 한다. 그런 토론 문화가 장려되어야 한다.

나는 티브이 프로그램에 출연하면서 자신의 커리어를 원만하게 유지하기 위해 스스로를 검열하는 사람들을 자주 목격했다. 평범하게 살아가는 우리 자신이 그렇게 되는 것도 한순간이다. 자신의 솔직한 의견보다 대중이 듣고 싶어 하는 말을 제 의견인 양 떠들어 대는 사람들, 자신과 반대되는 의견에 비방과 비난을 일삼는 악플러들이 가득한 세상에서는 민주주의를 기대할 수 없다.

4. 한국 사람의 자기 인식

우리는 자기만의 인식으로 세상을 분별하고 판단한다. 나를 둘러싼 존재와 시간을 포착하고 인식하면서 나만의 세계를 구축한다. 물론 모든 것을 인식할 순 없다. '선택적'으로 인지하고 감응한다. 누군가를 좋아할 때 사랑 노래가 귀에 쏙쏙 들어오듯 관심을 갖고 애정을 갖는 것들이 비로소 인식의 그물망에 걸리게 된다. 지금 우리가 평가하고 판단하는 것들은 모두 인식의 필터링을 거치고 나온 것들이다.

하지만 인식은 100퍼센트 믿을 수 있는 것이 아니다. 인식은 우리를 속일 수도 있으며 기만적으로 조종하기도 한다. 사회와 국가가 강요하는 인식에 휘둘릴 수도 있고 거짓된 자기 인식을 심을 수도 있기 때문이다.

인식은 또한 상대적이다. 한 가지 사물이나 사건을 바라보는 관점이나 해석이 저마다 다르고 각자의 생각만큼 인식의 향방은 무궁무진하다. '나를 인식한다'고 해보자. 누구나 자기의 외모, 신체에 대해 스스로 평가한다. 나의 성격, 태도, 마음에 대해 평가하기도 한다. 스스로는 거울 앞에서 '이 정도면 잘생겼다'라고 인식할 수 있지만 타인 역시 같은 인식을 하고 있을지는 모를 일이다. 스스로는 자신을 리더십과 배려심을 갖춘 괜찮은 팀장이라 생각하지만, 팀원은 다른 평가를 내릴 수도 있다. 자기 인식을 통해 내려진 자신의 강점과 약점은 타인의 인식을 통해 전혀 다르게 비춰질 수 있다.

1994년 입국하면서 나는 김포공항에 걸린 거대한 광고판을 봤다.

'SAMSUNG, THE BEST COMPANY IN THE WORLD.'

삼성은 세계 최고의 기업이라는 뜻이다. 물론 오늘날 삼성은 세계적으로 잘 알려진 기업이다. 하지만 당시에는 그 광고 문구가 꽤 대담하게 느꼈다. 그 문구가 실제로 그렇게 생각해서 나온 표현인지, 앞으로 그런 기업이 되겠다는 목표를 담은 말인지 궁금했다. 어쩌면 대다수 한국 사람들에게 이 광고 문구는 당연한 것처럼 느껴졌을지도 모른다. 이렇듯 한국 사람 스스로에 대한 인식과 다른 나라 사람들이 한국을 바라보는 시선에는 차이가 있다.

한국과 북한의 관계가 악화되면 독일에 계신 어머니가 자주 전화를 하셨다. 뉴스를 보니 상황이 심상치 않은데 잘 지내고 있는지 물어보시고, 빨리 독일로 돌아와야 하지 않겠느냐고 채근하셨다. 하지만 당시 한국은 평온했다. 어떤 긴장감도, 위험도 느껴지지 않았고 심지어 아무도 그런 뉴스에 신경 쓰지 않았다. 뉴스에서 말하는 상황은 똑같은데 한국과 독일에서 바라보는 인식에 차이가 생긴 것이다.

우리의 인식엔 내가 속한 사회나 국가, 민족에 대한 인식도 숨어 있다. 한국 혹은 한국 사람으로서의 자기 정체성이 그것인데, '한국인은 부지런해', '독일인은 정확하지'와 같은 관념이 그렇다. 재미있는 사실은 우리가 은연중에 이런 민족적 정체성에 부응하기 위해 노력한다는 것이다. 한국인으로서의 자부심을 갖고 어떤 일이든 열심히 성실하게 노력한다면 박수 받을 행동이다. 문제는 이 같은 인식이 실제와 다를 때 생기는 괴리, 어떻게든 특정한 인식을 만들어야 한다는 강박이 작동할 때 발생한다. 주입되고 강요된 인식 때문에 '나'가 사라진다. 비단 개인의 문제가 아니라 국가와 민족에게도 해당된다.

한국의 기술과 문화가 전 세계에 확실하게 각인된 지금과 달리 1990년대에는 한국이 어떤 나라인지, 한국 사람들은 어떤 특성을 지니고 있는지 정보가 부족했다. 그래서일까. 한국에 온 지 얼마 되지 않은 이방인에게 사람들은 이곳이 어떤 곳이고, 자신들이 어떤 사람들인지 알려주고 싶어했다. 당시 내가 가장 많이 들은 말은 이러했다.

"한국은 사계절이 존재하는 나라입니다."

"우리 민족에게는 정情이라는 특별한 것이 있어요."

"우리는 한恨의 민족입니다."

나 역시 사계절을 경험하고 자란 터라 사계절을 내세우는 말이 의아했지만, 이해를 할 수 있었다. 하지만 '정'이나 '한'이 정확히 어떤 의미인지 알아듣기 힘들었다. 다만 그 단어가 한국 사람을 특별하게 만드는 인식의 결과라는 것만은 분명해 보였다.

살아가는 시간이 쌓이면서 '정'은 타인에 대한 친절과 애정을 표현하는 감정, 마음 씀씀이란 것을 알았다. 정이 그런 뜻이라면 그런 감정을 지칭하는 단어가 없을 뿐 이 역시 많은 민족에게서 발견할 수 있다. 실제로 독일에서 거주한 어느 한국 사람은 나에게 "독일인이 한국인보다 더 정이 많아요"라고 이야기한 적도 있다.

1990년대에 내가 한국 사회에서 많이 만난 사람들은 지금

50~60대의 나이가 되었을 것이다. 그들은 초등학교에 입학하면서부터 군사 독재 시대의 교육을 받았다. 쿠데타로 정권을 잡은 군부는 권력의 정통성과 정당성을 확보하기 위해, 보다 손쉬운 통치를 위해 교육을 이용하기 마련이다. 강력한 국가 정체성을 확립하고 그 기반 위에 권력을 유지하려고 한다. 당시 낯선 문화권에서 온 나의 눈에는 학교와 사회는 물론 가정에도 전체주의적 군대 문화가 스며든 것처럼 보였다.

일반 국민을 언제나 "네, 알겠습니다"라고 말할 수 있는 '군인들'로 양성하는 것, 규율과 규칙에 순응하는 사람들로 만드는 것에만 경도되어 있는 듯했다. 나이 든 사람 중에는 내가 독일에서 왔다고 하면 농담하듯 "하이, 히틀러!" 하며 이마에 손을 올리는 사람도 있었다. 독일이었다면 그 자리에서 체포당할지도 모르는 행동을 태연하게 하는 모습에 너무도 당황스러웠다. 술자리에서 한목소리로 군가를 부르는 남자들도 있었고, "우리는 하나"를 외치며 함께하는 것을 당연히 여기는 분위기가 팽배했다.

독재 정권에서 국가의 말을 잘 듣는 '부지런한 민족'이라는 이미지, 슬픔을 꾹 참고 인내하는 '한의 민족' 역시 그 시대에 교묘하게 이용한 것이 아니었을까 하는 생각이 든다. 국민들 마음속에 고생은 누구나 살면서 짊어져야 하는 당연한 것이라는 고정관념을 심어줄 수 있다면 권력자의 입장에서 용이하지 않았을까?

그러나 지금은 다르다. 제도상으로 교육은 정부의 영향력에서 어느 정도 벗어나 나름의 자율성을 확보하고 있다. 사계절이 한국에만 있다고 생각하는 사람들도 많지 않다. 그럼에도 한국 사람의 의식 속에 '한'이라는 개념은 여전히 내재되어 있는 것 같다.

한국어 교육을 받을 때 처음 본 영화가 〈서편제〉였다. 영화는 특별한 고통을 겪어낸 사람, 즉 한이 서린 삶을 사는 사람만이 감동을 주는 소리를 한다고 말한다. 그리고 영화 내내 '한이 서린 목소리', '한을 품은 여성의 삶'은 서글프면서도 아름답게 그려진다. 이 영화는 나에게 한국 사람이 말하는 한의 개념을 이해하는 단서가 되었다. 나는 한국 사람이 한이라는 감정을 낭만적이고 아름답게 여기고 있다고도 느꼈다.

한은 원망스럽고 억울한 마음속 슬픔이 응어리진 것을 말한다. 세월을 두고 쌓인 밀도 높은 슬픔, 그 슬픔을 안고 살아가는 사람은 일견 숭고하게도 보인다. 여기서 슬픔은 내가 어쩌지 못하는 운명이기도 하고 굴곡진 역사이기도 하다. 하지만 한을 아름다움, 숭고함으로 연결하는 인식의 흐름을 거둬내면 어떤가? 운명이나 역사적 시련이라는 것도 한국 사람만 겪는 것이 아니라면? 살면서 아픔을 겪지 않은 사람은 없고 전쟁이나 학살, 수탈의 시간 역시 한국에만 있었던 역사는 아니다. 고생하면서 산 사람은 한국 사람만이 아니다.

그래서 나는 한국 사람이 인식하는 '우리 민족의 특별한 한'이라는 것도 인생의 아픔이나 시련으로 여긴다. 그런 면에서 한은 어느 정도 스스로를 불쌍하게 여기고 피해자라고 생각하는 자기 연민이기도 하다. 헌데 스스로를 불쌍하게 여기는 이 마음은 피해자라 아무것도 할 수 없다는 무력감을 드러내기도 한다. 내가 통제할 수 없는 세월과 운명 앞에 아무런 행동도 할 수 없는 힘없는 사람이라는 자기 인식이 깔려 있기 때문이다.

누구나 자기 연민에 빠질 때가 있다. 더욱이 힘든 상황, 역경에 처했을 때 나를 가엾게 여기며 공감해 주는 것을 싫어하는 사람은 없을 것이다. 그래서인지 스스로 한의 민족임을 역설하는 한국 사람을 보면 그런 감정을 즐기는 것 같기도 하다. 그러나 자신을 피해자라는 인식에 가둬놓고 어떤 대응도 하지 않는 것이 과연 우리에게 도움을 주고 성장하게 하는 것인지는 생각해 볼 문제다. 한을 품고 멈춘 자리가 상황을 개선하고 앞으로 나아가기 위해 적당한 자리인지 가늠할 필요가 있다. 지금의 상황이 일어나기까지 자신의 잘못은 없는지, 정말 나는 피해자이기만 한 것인지 자문해 볼 필요가 있다.

5. 21세기에 오용된
한恨의 부작용

낭만화된 한의 감정은 한국의 높은 자살률과 연관이 있어 보인다. 불쌍하고 무기력한 이의 자살을 동정 어린 시선으로 바라보고 미화하는 경향이 짙기 때문이다. 자살은 가장 완벽한 도피처이자 잘못과 실수에 관한 논쟁을 한순간에 끝내버리는 방법이기도 하다. 나는 한국처럼 불의에 대항하는 수단으로 자살이 빈번하게 벌어지는 나라를 본 적이 없다.

한국에 살면서 여러 정치인들을 비롯해서 많은 유명 인사들이 자살로 생을 마감하는 뉴스를 보았다. 전태일 열사처럼 사회적 불의를 알리고 변화를 촉구하는 방법으로 자살이라는 극단적인 선택을 한 사람들도 알고 있다. 2007년 태안에서 벌어진 기름 유출 사고 때문에 피해를 입고 스스로 목숨을 끊은 어민 이영권 씨의 유족을 만나 인터뷰를 하고 다큐멘터리를 만들기도 했다. 이 경험을 통해 한국 사회에서 자살을 어떻게 인식하고 있는지 알게 되었다.

희망의 출구가 보이지 않는 암울할 상황에서, 불치병이 안겨주는 끝없는 고통 속에서 삶을 끝내고 싶다는 바람이 마음 한 켠에 자리 잡는 것은 충분히 공감이 간다. 자살은 죄악이 아니고, 옳지 않은 행동이라고도 생각하지 않는다. 다만 OECD 국가 중 자살률 1위인 데다 세계적으로도 높은 자살률을 유지하고 있다는 사실이 안타깝다.[27]

독일의 자살률은 한국의 절반에도 미치지 않는다.[28] 그렇다면 독일 사람들은 한국 사람들보다 죽는 것을 더 두려워하는 민족일까? 아니면 그들의 삶이 더 행복한 걸까? 내가 아는 한 독일에서 자살은 한국처럼 인정받지 않는다. 언뜻 생각해 봐도 독일 역사에서 자살을 통해 항거한 인물은 떠오르지 않는다.

자살은 가능한 한 피해야 할 최후의 수단이다. 목숨을 담보하는 행위는 가장 나중에 고려해야 할 사항인 것이다. 자살을 선택

---

27 2021년 9월, 통계청이 발표한 '2020년 사망원인 통계 결과'에 따르면 하루 평균 36.1명이 자살하는 것으로 집계됐다. 이는 OECD 기준 '표준화 자살률'(10만 명당 10.9명)의 두 배가 넘는 수치(10만 명당 23.5명)로 OECD 회원국 중 1위를 기록했다.

28 위와 같은 조사에서 독일은 '표준화 자살률'(10만 명당 7.0명)을 기록했다.

한 이들이 다른 대안을 떠올리고 실행해 보았는지는 알 수 없지만, 이토록 많은 사람들이 스스로 목숨을 끊는다는 건 삶을 정리하려는 방향으로만 너무 빨리 결정하는 것 같아 안타깝기만 하다. 자살을 떠올릴 정도로 고통을 마주하고서도 의연하게 대처한 사람들을 격려하고 응원하는 사회적 분위기가 형성된다면 자살 또한 지금과 다르게 인식될 것이다. 한국의 높은 자살률의 이면에는 자살을 동정적으로 받아주고 인정하는 분위기도 역할을 하고 있다.

자살과 같은 극단적인 행동은 아니지만, 무슨 일이 생기면 연락을 끊고 잠적해 버리는 사람들도 많이 봐왔다. 문제가 잠잠해질 때까지 죽은 듯이 지내다가 해결되면 다시 연락을 하는 것이다. 이러한 행동을 받아들이는 방식 역시 사람마다 다른데, 내 눈에는 몹시 이상해 보인다. 자기에게 문제가 생기면 스스로 해결책을 찾아보고 주변에 도움을 청할 수도 있을 텐데 그저 상황이 가라앉기를, 잠잠해지기를 기다리는 모습으로밖에 보이지 않았다. 기쁜 일이든 힘든 일이든 함께하는 것이 친구이고 지인인데, 왠지 좋은 상태에서만 관계를 맺는 것처럼 느껴졌다.

그 모습은 마치 모래 속에 머리를 파묻은 채 시간이 흘러가기를 기다리는 타조와 비슷하다. 그 태도에는 외부에서 발생한 뜻

밖의 시련 혹은 자신의 실수나 잘못에서 벌어진 그 상황에 아무 대책 없이 그저 시간이 해결해 주기를 바라는 마음이 담겨 있다. 그런 상황에서는 책임질 부분은 책임지고 스스로 해결해 나가려는 자세가 필요하다. 자기 연민에 빠져 피하는 것보다 정면으로 맞서는 것이 성숙한 행동이다.

아들이 두 발로 걷기 시작한 무렵, 집 안에서 걷다가 의자에 부딪히자 소리 내어 울기 시작했다. 놀란 아내가 아이에게 다가가 왜 우느냐고 물었다. 아이는 의자를 가리켰고, 아내는 우는 아이를 품에 안아 달래며 의자를 때리는 시늉을 하며 말했다.

"의자가 그랬어? 때찌 때찌!"

두 사람을 지켜보던 나는 의아했다.

"지금 뭐 하는 거야?"

아내는 한국에서 이렇게들 한다고 했지만 나는 받아들일 수가 없었다. 실수는 의자가 아니라 아이가 한 것이니 우리는 그렇게 교육하지 말자고 했다. 이제 겨우 걸음마를 뗀 아이더라도 자기가 한 실수에 대해 책임져야 한다는 것을 알려주자고 했다. 피해자가 가해자가 되는 가르침은 결코 옳지 않다. 작은 실수라도 남 탓을 하기 시작하면 그보다 더한 실수에서도 배우지 못한다.

위의 상황은 한 가정에서 일어난 가벼운 문제처럼 보이지만, 꼭 그렇지만은 않다. 한국 사람들은 대부분 자신들이 평화를 사랑하는 민족이라 생각한다. 그리고 그 근거로 한 번도 다른 나라를 침략한 적이 없다는 역사를 언급한다. 물론 한국은 굉장히 안전한 나라다. 독일보다도 치안이 튼튼하고 전 세계적으로도 손에 꼽히는 안전한 나라다. 하지만 다른 나라를 침략하지 않았기 때문에 한국 사람들이 평화를 사랑한다는 의견에는 동의할 수 없다.

지난 수천 년 동안 이 땅의 작은 국가들이 하나로 통일되기까지 수많은 전쟁이 있었다. 심지어 현대에 와서는 6·25전쟁으로 같은 민족끼리 총부리를 겨누기도 했다. 베트남전쟁에 참전한 한국 군인들이 많은 민간인을 학살한 사실이 밝혀지기도 했다. 정부와 군부가 자행한 사건이지만, 제주 4·3 사건이나 5·18 광주민주화 운동 같은 슬픈 역사도 있다.

1995년, 처음으로 간 중국 여행길에서 나는 청나라 황실의 여름 궁궐이었던 이화원에 들렀다가 우연찮게 어느 노인과 이야기를 나누게 되었다. 어디서 왔느냐는 노인의 물음에 나는 독일 사람이지만 지금 한국에 살고 있으니 옆집에 사는 사람과 다름없다고 농담을 했다. 노인은 한국에 관해 이런저런 이야기를 하다가 예전에 중국이 일본에 점령당한 시기에 일본 사람들의 수하로 조선 사람들도 있었는데, 잔인하기가 일본 사람보다 더 심했다는 말을 했다. 한국에 호감을 품고 정착하며 살아간 지 얼마 되지 않은 나에겐 너무도 충격적인 말이었다.

이 노인과의 만남뿐 아니라 20년 이상 한국에 살고, 한국사를 공부하고 보니 나는 한국 사람이 언제나 평화를 사랑한다는 말에 선뜻 동의할 수가 없다. 역사적 이야기까지 꺼낸 것은 한국 사람들의 자기 인식, 국가 인식이 한국 사람의 행복에 어떤 도움이 되는지 논의하기 위함이다. 평화를 사랑한다는 말의 이면에는 자신을 순수한 피해자, 스스로 문제를 개선할 수단이 없는 무기력한 희생자로 인식하려는 의도가 도사리고 있지 않은가? 실제와 다르게 포장하고 인식하면서 외면하는 것은 정녕 없는 것인지 묻고 싶다.

한국사를 이야기할 때 종종 다음과 같은 말을 하는 사람들이 있다.

"우리는 늘 힘들었어요. 몽골, 그다음엔 중국, 현대에 와서는 일본 때문에 힘들게 살아야 했어요."

일상적인 문제에 대해서도 비슷하게 말을 한다.

"그 사람 때문에 피해를 봤어."

자기 때문이라는 고백은 별로 듣지 못했다. 헌데 문제를 해결하는 주체는 남이 아니라 나 자신이다. 문제의 원인을 파악하는데 나 자신이 빠져 있다면 그 문제를 과연 어떻게 해결할 수 있을까?

'한恨'은 억울하고 서글프고 응어리진 마음이다. 그 마음을 누군가를 향해 폭력적으로 대응하는 것이 아니라, 지금과는 다른 미래를 만들기 위한 긍정적인 에너지로 발현되어야 비로소 '승화'라는 말을 덧입힐 수 있다. 이것이 다른 나라, 민족과 구별되는 한국만의 '한의 미학'이 아닌가? 하지만 내 눈에 보이는 한국 사람들의 한은 자기 연민에 가깝다. 꼭 한이라는 단어를 쓰지 않더라도 자신의 책임을 다른 사람에게 전가하고 자신을 피해자로 규정하는 마음가짐이 당연한 것이 어느 정도 보편화되어 있지 않은지 걱정스럽다.

이 같은 인식은 젊은 세대로도 이어지고 있다. 나는 젊은이들이 스스로를 '피해자'라고 규정하는 말을 자주 들었다. 제도의 피해자, 부모가 품은 욕망의 피해자, 가부장제의 피해자, 페미니즘의 피해자…… 그들은 또 지금이 너무 힘들다고 말한다. 이전 세대가 좋았다고들 말한다. 경제적 양극화가 심하고, 기회가 없고, 일자리가 없어서 삼포세대, 오포세대, 칠포세대, N포세대라고 자신들을 인식한다. '한'이라는 표현만 안 했지 새로운 이름들로 자신들의 피해 의식을 드러내는 것이다.

앞서 말했듯이 자신을 피해자로 인식하는 것은 자기 세대의 문제를 해결하는 데 별다른 도움이 되지 못한다. 물론 젊은 세대의 현실과 그들이 마주하는 냉엄한 현실의 문제를 외면해서는 안 된다. 각 세대의 절실한 고민에 귀 기울이고 제도화해서 사회를 바꾸려는 노력은 필요하다. 하지만 이번 장에서 나는 인식에 비중을 두고 이야기하고 있다. 우리에게 닥친 문제를 해결하는 데 우리가 어떤 관점을 지니고 인식하고 있는지 성찰하는 것 또한 반드시 필요한 일이다.

6. 타인의 관심에
갇히고 싶은 욕망

한국인의 자기 인식에는 수치심이라는 항목도 꽤 중요한 역할을 한다. 주로 부정적인 자기 인식에 기여하는 감정이다. 많은 한국 사람들이 자신의 외모, 경제적 성공, 사회적 지위에 만족하지 못한다. 친구, 사촌, 지인 등 타인과 비교하며 부끄러워하기도 한다. 사회가, 미디어가 부추기는 수치심의 항목은 끝없이 늘어만 가고 이에 발맞추기 위해 부단히 노력하며 자신을 저울질한다. 사실 수치심이라는 단어는 한국 사회에만 국한된 것은 아니다. 하지만 내가 보기에 한국 사람이 느끼고 있는 수치심의 목록은 그 어느 나라보다 길고 다양하다.

극단의 수치심에 몰린 사람들은 잠적하거나 자살을 결심하기도 한다. 보다 그럴싸한, 남들에게 보이기 위한 '자기 인식'을 형성하는 것이 인생에서 가장 중요한 일처럼 보이기도 한다. 언제나 그럴듯해 보여야 하고, 어느 정도 성공해야 하고, 집이 있어야하고, 최신 가전제품으로 무장한 일상을 영위해야 안심할 수 있기 때문이다. 실제로 소유하지 못했더라도 가지고 있는 것처럼 보이기라도 해야 한다.

나는 다양한 프로젝트를 진행하면서 많은 이력서를 받았다. 면접을 보는데 막상 눈앞에 앉은 사람과 이력서의 사진이 너무도 다른 경우가 많았다. 대부분이 지나치게 보정된 사진을 붙인 것이다. 면접하는 자리에서 만날 텐데 왜 그랬을까 생각해 보았다. 실제 나와 모습이 다르더라도 사회에서 정해놓은 미의 기준에 맞춰 조금이라도 피부색이 밝고 얼굴을 갸름하게 하면 채용될 확률이 높을 거라 생각한 걸까? 이 정도 보정은 암묵적으로 통용된다고 생각한 걸까? 하지만 나는 그 사람의 자기 인식에 과연 '진짜 나'가 들어 있는 것인지 의심스럽다.

타인의 눈에 나를 맞추는 것은 사진을 보정하는 데 그치지 않는다. 많은 사람들이 자신의 외모를 바꾸기 위해서라면 얼마의 시간과 돈을 들여서라도, 실제로 뼈를 깎는 고통을 감내한다. 거리에서, 티브이에서, 그리고 인터넷에서 그런 이들을 매일 만날 수 있다. 한국에는 그런 사람들의 비중이 꽤 높은 편이다.

사람들은 자신을 행복하게 만드는 것을 스스로 결정할 수 있다. 성형수술을 하고, 새 차를 바꾸는 것이 자신의 행복을 위한 길이라고 믿는다면 그렇게 하라고 말하고 싶다. 하지만 그가 바라는 행복이, 행복에 대한 인식이 타인의 시선에 맞춰진 것이라면 얼마나 오래 지속될지 알 수 없다. 타인의 인식은 계속 바뀔 것이고, 자신 또한 또 다른 행복할 거리를 찾아야 할 테니까 말이다.

나도 아름다운 것과 아름다운 사람을 좋아한다. 하지만 내가 생각하는 아름다움의 기준은 세상의 유행과 다소 거리가 있어 보인다. 그래서 현재의 나보다 더 젊고 멋있어 보이기 위해 무리하게 돈을 쓰고 싶지 않다. 나는 잘생긴 편은 아니지만 평생 한 번도 염색을 한 적이 없고, 두 달에 한 번 정도 머리를 자르고, 가끔 잘 차려 입고 외출하는 것에 신경을 쓴다. 아름다움은 외모에 있지도 않고, 외모는 내 행복에 별 영향을 끼치지 않는다. 나는 유행을 거스를 줄 아는 사람, 자기만의 미적 기준을 고수하는 사람, 타인의 인식에 휘둘리지 않는 '자연스러운' 사람이 아름답다고 생각한다.

사실 자신을 인식하는 데 타인의 시선을 거둬내는 게 쉬운 일은 아니다. 사회적인 동물인 우리는 어쨌거나 늘 누군가를 의식하며 살아가고 있다. 특히나 요즘 시대에는 나에 대한 인식을 심어주기 위해 의식해야 할 타인이 너무 많다. 스마트폰 보급률의 영향이 절대적이다. 과거에는 주변 몇몇만 신경 쓰면 됐지만 이제 온 나라는 물론, 전 세계 사람들의 인식을 상대해야 한다.

오늘의 '나'는 자신을 타인과 끝없이 비교하고 벤치마킹한다. 타인의 포스팅을 뒤져 '힙'한 식당이나 카페, 여행지를 찾아 헤매고, 뒤떨어지지 않은 물건과 옷차림으로 자신을 드러내기 위해 노력한다. 그렇게 노력한 결과 늘 최신 상태의 '기분 좋은 나'는 인증샷을 통해 나에 대한 인식을 끊임없이 업데이트한다. 하지만 얼마 되지 않아 더 기분 좋은 누군가가 등장한다. 이건 마치 끝없는 게임에 빠져든 모습처럼 보이지 않는가? 그 게임판을 돌리고 있는 우리는 인식의 노예나 다름없지 않나? 놀랍게도 이런 상황은 누가 강요한 것이 아니다. 우리의 자유 의지가 스스로를 노예로 만든 것이다.

내가 SNS를 거의 하지 않는 이유가 바로 이 때문이다. 내가 지금보다 더 많은 시간을 소셜 미디어에 투자한다면 새로 사야 할 물건, 따라야 할 트렌드가 눈에 보일 것이다. 하지만 나는 이미 생활 곳곳에서 많은 광고에 노출되어 있어서 더 이상의 압박감은 견딜 자신이 없다. 눈에 띄는 외국인으로서 충분한 시선을 받으며 살아가는 마당에 또 다른 주목을 받는 건 부담스럽다.

나를 둘러싼 것들 중 진짜 나를 행복하게 하는 것들을 떠올려

보자. 방금 올린 포스팅 속 카페인가? 행복하기 위해서 정말로 그 많은 것들이 필요한가? 유명인의 포스팅에 추켜세우는 댓글을 남기고 부러워하는 나, 그것이 진짜 나인가? SNS 속 사람들은 정말로 나를 그렇게 생각하고 있을까? 현실의 나를 외면한 자기 인식의 함정은 곳곳에서 발견된다.

정작 내가 슬프고 외로울 때 나를 위로해 줄 수 있는 사람은 팔로워 숫자만큼 필요하지 않다. 하지만 사람들은 그 숫자에 민감하다. 서로를 온전히 바라볼 수 없는 관계 속에서 공허감만 키우고 있는 것이다. 우리의 진짜 삶은 SNS에 담을 수 없다. 실제 나는 핸드폰 화면 밖에서 가상의 나를 물끄러미 바라보고 있는 바로 그 사람이다.

인식하지 않고 삶을 살 수는 없지만, 가짜로 조작된 인식의 노예가 되어서는 안 된다. 내 실제 모습은 내가 바라는 모습이 아닐 수도 있다. 타인의 눈에 띄지 않을 수도 있다. 그럼에도 나는 존재한다. 우리는 그러한 자신을 인정할 줄 알아야 한다. 지금의 나보다 멋진 사람이 되기 위해 노력하는 모습은 바람직하다. 하지만 타인의 눈요깃거리에 맞춰진 라이프스타일은 삶을 피로하고 공허하게 만든다. 자기 인식은 실제 자신을 객관적으로 파악하고 받아들이는 것에서 시작된다.

7. 사람을 믿을 수 있는 사회

서울시청에 다니는 친구가 있었다. 그 친구는 시청에 새로운 법을 만드는 부서가 있다고 했다. 그런 부서가 있다니 놀라웠다. 법을 만들 정도의 새로운 문제가 발생하거나 기존의 법을 수정하거나 보완해야 할 때 법에 대해 고민하는 것은 물론 필요하다. 하지만 담당할 부서까지 만들어서 새로운 법을 만든다고 하면 문제의 본질이 달라진다.

친구에게서 그 이야기를 듣고 나는 왜 그렇게 지켜야 할 법이 많고, 비논리적이고 불필요해 보이는 법들이 넘쳐나는지 알 것 같았다. 외국과 한국의 기관이나 기업체 사이에서 중재 역할을 할 때마다 나는 비즈니스 현장이 전혀 고려되지 않은 꽉 막힌 법적 문제들을 여러 차례 겪었다. 한국 사회는 어떤 일들을 겪을 때마다 거기에 맞는 법을 만들려 하고, 혹시 발생할지 모르는 일에 대해서도 미리 법을 만들어 방지하려고 하는 경향이 있다. 법에 대한 집착이 심하다. 새로운 사건이 벌어질 때마다 새로운 법을 만들려고 한다.

티브이 프로그램에 출연했을 때 이런저런 법들에 대해 어떻게 생각하느냐는 질문을 받았다. 나는 한국은 굉장한 성공 스토리가 있는 나라인데 성공하기까지 모든 것을 법으로 규제하지 않았다, 어느 정도 융통성을 발휘해 기업이 자유롭게 활동하여 성공할 수 있게 유도했다고 말했다. 아무리 많은 법을 제정하더라도 복잡다단한 우리 인생을 완벽하게 끼워 맞출 수는 없다. 법전에 문장 몇 줄로 명시할 수 없는 애매한 상황들이 존재한다. 일을 하다 보면 그 흐름 안에서 논리적으로 설명할 수 있지만 혹시 법적으로 문제가 되지 않을까 염려되는 상황을 맞닥뜨리곤 한다. 그 모든 상황을 염려하게 되면 일을 진척할 수 없다. 어디에서 법에 저촉되는 상황이 발생할지 모르기 때문이다.

정작 일을 진행하기보다 혹시나 싶은 마음에 법적으로 문제가 없는지 확인하느라 시간을 허비하게 된다. 사방에 빽빽하게 드리워진 법의 그물에서 자유로운 사람은 없을 것이다. 나는 한국이 너무 많은 법을 의식하지 않는 유연성과 자발성을 바탕으로 성장했다고 믿는다. 그러한 자세는 앞으로 글로벌 리더로 발돋움하는 데 큰 자산이 될 것이라고 생각한다.

많은 것을 허용하고 규제하지 않게 되면 이를 악용하는 사람들이 생길 것이며, 그로 인해 피해자가 발생할 수도 있다. 나는 이런 부작용이 있을 수 있다는 지적에 동의한다. 하지만 다소 법을 어기는 사람이 있는 사회가 어느 누구도 믿을 수 없어서 모든 것을 법으로 통제하고 규제하는 사회보다 낫다. 나는 사람들을 믿고 싶다. 인간이 선하다는 믿음 없이 나의 행복은 유지되지 않는다. 불신을 당연하듯 심어주며 규제하는 것보다 선하게 행동하도록 장려하는 편이 성숙한 사회를 만들어 갈 것이다.

한국에는 해마다 수많은 '공시생'이 탄생한다. 고용 불안에 휩싸인 사회에서 안정된 직장, 안정된 노후를 생각하면 공무원만 한 직업이 없다는 인식이 확산되고 있다. 응시자가 많아 경쟁률도 치열해서 2021년 국가직 9급 공무원 공채 시험의 경우 20만 명에 가까운 사람이 응시해 35 대 1의 경쟁률을 보였다.

어느 취준생이 공무원 시험을 준비하고 있다고 해보자. 그는 나름 머리도 좋고 능력도 있는데, 3년 동안 열심히 준비했지만 불행하게도 합격하지 못했다. 그는 자신감이 있었기에 다시 한 번 도전했다. 하지만 아슬아슬한 점수 차로 떨어지고 말았다. 열심히 공부해서 공무원이 되고자 했던 그는 4년이라는 시간을 시험에 매진했지만 결국 아무것도 되지 못했다. 동기 부여도 확실했고, 자신감도 있고, 성실하게 근무할 수 있는 능력도 있지만 그는 여전히 실업자다.

인생에서 4년이라는 시간은 굉장히 소중하다. 매년 양산되는 수많은 불합격생들의 시간을 합하면 그야말로 어마어마한 시간이 된다. 나라의 관리를 뽑는 시험 제도의 기원과 역사는 이해하지만 지금도 이러한 제도를 고수해야 하는지 의문이다. 이처럼 시험 공부에 20만 명 가까운 사람들이 많은 시간을 투자하고 소수만이 결실을 맺는 현상은 개인에게도, 국가에게도 커다란 손실이 아닐 수 없다.

독일은 공무원을 채용할 때 면접의 비중이 굉장히 높다. 면접을 통해 자질과 인성, 그리고 가능성을 판단한다. 만일 독일과 같은 제도를 도입하려면 인터뷰하는 사람의 능력이 무엇보다 중요하고, 그의 판단을 믿고 존중해야 할 것이다. 이 역시 믿음의 문제다. 한국 사람은 서로를 믿지 못하는가? 특정한 근무 기간을 채우면 근무처를 옮겨 가는 공무원들의 순환 보직 제도를 보면 그런 의심이 든다. 시험과 점수가 누군가의 자질과 가능성을 검증하는 유일한 잣대라고 믿는 것 또한 이 의심에 힘을 실어준다.

사안마다 법과 규칙을 만들어 감시해야만 안심이 되는 사회.

그러한 사회에서는 유일하게 믿는 것이 법률인데, 그 법을 제정하고 규칙을 만드는 국회의원들도 국민에게 믿음을 주지 못하고 있다. 한국은 지금 서로를 믿지 못하고 있다.

나는 어느 정도 자유를 행사할 수 있도록 놔두면서도 그에 따른 책임을 묻는 사회에서 사람들이 더 의욕적이고 능동적으로 살아갈 것이라고 생각한다. 엄격한 규칙이 버티고 있는 사회에선 누구나 헐거운 구멍을 찾아 빠져나가려고 한다. 타인에 대한 나의 믿음은 실망으로 끝날 때도 있지만, 신뢰와 혜택으로 돌아오는 경우도 많았다. 긴 안목으로 자신의 신념과 정책을 펼칠 기회를 책임과 함께 부여한다면 누구나 그 믿음에 응답하려고 노력할 것이다.

시험으로 판가름하지 않는 사회라면 많은 사람이 자신이 하고 싶은 일을 찾아 나설 것이고 전문 분야에서 자신만의 실력을 쌓을 것이다. 서로에 대한 신뢰를 바탕으로 각자 자유로울 수 있는 사회. 너무 이상적인 말일까? 그럼에도 나는 한국 사람들이 이런 사회를 만들어 갈 것이라고 희망한다.

8. 상황 인식의 힘

옛날 중국에 모두의 존경을 받는 명망 있는 유학자가 있었다. 그는 모든 경전을 섭렵했으며 매우 현명했다. 80세가 되자 그는 일선에서 물러나고 싶었지만, 여전히 마음속을 맴도는 아쉬움이 하나 있었다.

오래전 그는 '새 둥지 선사'에 관한 이야기를 들은 적이 있었다. 그의 지혜는 세상 어느 학자도 따라갈 수 없다며 사람들이 칭송했던 것이다. 유학자는 소문 만들어 내길 좋아하는 어리석은 사람들의 과장이려니 여기고 모른 척했지만, 이제 살날이 얼마남지 않은 상황에서 그 선사에 대한 궁금증을 누그러트릴 수 없었다. 결국 그는 말을 타고 선사가 머무르고 있다는 숲속으로 떠났다. 숲속에 들어서고 얼마나 들어왔을까? 학자의 눈에 어느 나무 위에 앉아 있는 노인이 보였다.

"당신이 바로 새 둥지 선사라고 불리는 분이십니까?"

"그걸 알고 싶어 하는 당신은 누구십니까?"

학자는 잠시 망설이다가 솔직하게 말했다.

"저는 세상 사람들에게 인정받는 유학자입니다. 하지만 이제 팔십을 넘겨 언제 죽을지 모릅니다. 죽기 전에 당신의 위대한 지혜를 듣고자 왔습니다. 당신의 위대한 지혜란 대체 무엇입니까?"

새둥지 선사가 대답했다.

"그러십니까? 좋습니다. 알려드리지요. 착한 일을 하고 나쁜 일은 하지 마십시오. 제 지혜는 바로 이것입니다."

당황한 학자는 분노를 감추지 못하고 따지듯 말했다.

"뭐요? 그걸 지혜라고 이야기하다니! 그건 세 살짜리 아이도 다 아는 것 아닙니까?"

선사가 껄껄 웃으면서 말했다.

"그렇습니다. 그 지혜란 세 살짜리 아이들도 알지만 팔십 먹은 노인도 할 수 없는 것이랍니다."

나는 종류를 가리지 않고 이야기를 매우 좋아한다. 책 속 구절이나 영화 속 대사, 또 누군가에게 들었던 짧은 이야기에도 감동을 받고 깨달음을 얻는다. '새 둥지 선사 이야기'는 내가 좋아하는 이야기다. 이 이야기 또한 내 삶에 깊은 영향을 끼쳤다. 이야기의 메시지는 너무도 평범하다. '우리 모두 무엇이 옳은 일인지 알고 있지만 이를 실천하지 않는다'는 것이다. 권력을 쥔 사람이 부당한 청탁을 받으면 안 된다는 사실을 모르고 있을까? 당연히 알고 있다. 다만 자신이 청탁을 받는 건 다 그럴 만한 이유가 있다고 합리화하는 것이다.

솔직히 우리 역시 청탁 받는 권력자보다 도덕적으로 우월하다고 할 수 없다. 정도의 차이가 있을 뿐 많은 사람들이 자신이 생각하는 도덕적 가치를 배신하고 다른 길을 선택한다. 주일마다 목사님의 설교를 듣고 절에서 스님의 말씀을 듣지만, 그 말씀대로 살지 않는다. 실천은 언제나 아는 것보다 어렵고 힘들다.

이야기 속에서나마 악을 응징하고 선이 실현되는 모습을 보고 싶은 사람들의 욕망을 잘 포착해 낸 것일까? 정의를 위해 고군분투하는 인간은 고전 작품에서부터 21세기 마블 영화까지 중심 테마를 이루고 있다. 하지만 옳은 일을 행하는 건 영화 속 영웅이나 할 법한 위대한 일이라고 생각하는 것은 우리에게 좋은 핑곗거리일 뿐이다. 내가 하는 일이 정의로운 것이라는 건 알지만 나에게 피해를 끼친다면 굳이 그 일을 실천할 사람은 없을 것이다.

자신의 인생에 매여 산다고 생각하는 사람들이 있다. 자신의
처지가 새장 속에 갇힌 새와 같아서 아무것도 선택할 수 없이 그
저 살아가야 한다고 여긴다. 한 남자가 여자를 만나 가정을 이루
고 자녀를 셋 낳았다. 그는 책임져야 할 것들이 많아 자기에게는
의무만 남았다고 생각한다. 가끔은 이 삶이 너무 지치고 힘들다.
배낭을 메고 훌쩍 낯선 나라로 떠나고 싶지만 옴짝달싹 못 한 채
지난날의 선택을 후회하고 앞으로 자신이 살아갈 삶을 떠올리며
괴로워한다.

하지만 그의 말은 전혀 사실이 아니다. 매일 아침 눈을 뜨고
회사로 출근하는 그는 마음만 먹으면 당장이라도 비행기 티켓을
끊고 떠날 수 있다. 정말 여행을 바란다면 행동으로 옮길 수 있
다. 가족들과 직장 업무도 있는데 어떻게 그럴 수 있느냐고 반문
하는 이들이 있을 것이다. 하지만 그 또한 그의 선택이다. 안정적
인 직장 생활을 하며 가족들을 건사하는 것, 그는 그 일상을 영위
하는 선택을 한 것이다. 우리의 삶과 일상은 우리가 선택한 결과
이다. 우리의 선택에는 어떤 우주적인 기운이 작용하는 것이 아
니다. 실제로 우리는 매일 선택하며 삶을 살고 있다.

간절히 바란다면 행동으로 옮길 수 있다. 삶을 더 좋은 방향으
로 이끌 수 있다. 담배를 끊을 수도 있고, 새로운 취미를 갖거나

자원봉사를 시작할 수도 있다. 다만 이런 선택에 따른 변화에 자신이 없고 불편하기 때문에 하지 않는 것이다. 결정을 내리는 것도, 행동으로 옮기는 주체는 나 자신이다. 그런데도 자신을 무력한 존재로 한정하고 주변 여건 때문에 삶을 바꿀 수 없다고 생각한다면 그에게 어떻게 행복한 삶을 기대할 수 있을까? 아무것도 할 수 없다며 스스로를 불쌍하게 여기면서 어떤 결정도 하지 않는다면 이미 수동적으로 인생을 허비하고 있는 셈이다. 인생의 주체가 자신이며, 선택과 결정은 자신이 하며, 그에 따른 책임 또한 자신의 몫이라는 걸 인식하는 일은 자신과 자신의 삶을 더 나은 방향으로 이끄는 첫걸음이다.

마틴 스코세이지 감독의 〈그리스도 최후의 유혹〉이라는 영화가 있다. 가톨릭교회에서는 이 영화가 개봉할 당시 엄청나게 반대했다. 영화의 원작이 된 소설을 쓴 그리스의 유명 작가 니코스 카잔차키스Nikos Kazantzakis. 1883~1957는 그리스 정교회에서 파문을 당했는데도 영화가 만들어졌으니 가톨릭교회에서 얼마나 반대를 했는지 짐작할 수 있다. 하지만 흥미롭게도 나는 이 영화를 보고 나서 기독교에 대해 이전보다 더 진지하게 생각해 볼 수 있었다. 영화 속 예수의 모습은 진한 감동은 물론, 영감을 주었다.

영화에서는 예수가 십자가에 두 번이나 못 박힌다. 하지만 두 사건 사이에는 근본적인 차이가 있다. 처음 십자가에 못 박힌 예수는 자신이 겪고 있는 고통을 힘겨워한다. 그의 심리를 파악한 악마는 천사로 변장을 한 채로 나타나 예수를 십자가에서 구해준다. 십자가에서 내려온 예수는 결혼을 하고 아이를 낳고 살아가다가 인간들을 구원하기 위해 자신이 죽어야 한다는 사실을 깨닫는다. 기꺼이 십자가에 못 박히는 순간, 그는 지금까지의 삶, 즉 십자가에서 내려와 결혼하고 오랜 세월을 살다가 다시 십자가로 돌아온 일들이 환상에 불과하다는 사실을 깨닫는다. '환상'이라는 장치가 깔려 있지만, 나는 이 영화에서 강렬한 메시지를 읽을 수 있었다. 바로 우리를 통제하는 것은 우리가 처한 상황이 아니라 그 상황을 어떻게 인식하고 있느냐 하는 것이다.

한국뿐 아니라 세계 여러 나라의 경제적·사회적 상황이 악화되고 있다. 불평과 불만을 쏟아내는 것만으로 산적한 문제를 해결할 수는 없다. 현실을 받아들이고 우리가 인식하는 것만큼 상황이 어둡고 힘들다는 것을 깨달아야 한다. 스코세이지 감독은 영화 속 예수의 모습에 대해 "예수는 하느님의 뜻을 이해하기 전까지는 수동적인 존재"라고 말했다. 예수가 영화 속에서 그랬던 것처럼 스스로를 피해자로 규정하는 사고를 멈출 때 상황을 통제할 수 있다. 그렇게 하면 삶을 능동적으로 바라보고, 힘들고 불편한 상황일지라도 행복할 수 있는 방법을 모색할 수 있다.

2021년 크리스마스 직전에 95세의 고령으로 별세한 나의 삼촌 한스 디터Hans Dieter는 참으로 감탄할 만한 삶을 사신 분이다. 삼촌은 1944년, 17세의 나이로 독일 군대에 징집되었다. 2차 세계대전이 서서히 끝나가던 무렵, 패배 위기에 놓인 독일은 청소년은 물론 노인, 심지어 어린이까지 전장으로 끌고 갔다. 전쟁이 끝난 뒤 그는 소련군의 전쟁 포로가 되어 시베리아에 있는 수용소로 끌려갔다. 다시 독일로 돌아오기까지 그는 5년이란 시간을 그곳에서 버텨내야 했다.

고향으로 돌아온 삼촌은 징집되기 전과 다름없는 모습을 보였다. 내면에서 어떤 상흔과 싸우고 있는지 알 수 없었지만, 그는 일반인과 다를 바 없이 정신이 온전했으며 10대 중후반과 20대 초반을 전쟁터와 수용소에서 보내야 했던 자신의 삶에 어떠한 불평도 쏟아내지 않았다. 그는 오히려 포로수용소가 자신에게는 많은 것을 가르쳐준 "인생의 대학"이었다고 했다. 그는 다친 사람들을 돕고, 몇몇 소련군들과는 친구가 되기도 했다.

고향으로 돌아온 삼촌에게는 아무것도 없었다. 집은 가난했고 대학을 다닐 생각은 꿈도 꿀 수 없었다. 그는 평생 겸손하고 소박하게 살았다. 하지만 삼촌의 장례식에 모인 사람들은 그가 죽는 날까지 많은 사람들을 도왔고, 90세가 넘도록 함부르크의 가난한 동네에 있는 유치원을 지원했다고 삼촌을 기억했다.

삼촌의 삶을 돌아보면 옳고 그름, 좋고 나쁨의 구별은 우리가 그 상황을 어떻게 인식하느냐에 따라 달라진다는 것을 알 수 있다. 각자에게 주어진 유한한 삶을 긍정적으로 가꿔 나가길 기대한다.

9. 딜레마를 원동력으로
성장할 줄 아는 사회

코로나19 바이러스가 전 세계적 유행이 되고 나서, 세계 곳곳에서 정부의 방역 조치에 반대하는 시위가 일어났다. 공동의 안전을 고려한 각 정부의 정책이 개인의 권리를 침해하고 있다며 분노한 시민들이 집회를 벌였다. 한국에서도 정부의 정책에 찬성과 반대를 나타내는 의견이 분분하다. 여러 선택지들이 있지만 무엇을 선택하든 완벽한 답은 찾을 수 없고 또 다른 문제에 직면할지 모른다. 우리가 "딜레마"라고 부르는 상황인데, 나는 보다 명확하고 옳고 그름이 분명한 상황보다 이 같은 상황에 매력을 느끼곤 한다.

독일에서는 중요한 가치들이 서로 충돌한, 사회적 딜레마를 대표할 수 있는 유명한 사건이 있다. 마그누스 게프겐Magnus Gäfgen이라는 청년이 저지른 유괴 사건이다. 2002년 게프겐은 유명한 금융 재벌의 열한 살 난 아들을 자신의 아파트로 유인해서 납치한 뒤 부모에게 거액의 몸값을 요구했다. 돈을 일부 받아냈지만 그는 결국 경찰에게 붙잡히고 만다. 이제 납치된 소년의 생사와 행방이 모두의 관심사가 되었다. 하지만 게프겐은 이에 대해 한마디도 하지 않고 침묵을 지켰다. 수사는 난항에 빠졌다. 나중에 사실이 알려졌는데, 소년은 납치 후 살해당하고 호수 부근에 버려졌다.

소년의 행방을 알아내기 위해 사건을 담당한 볼프강 다슈너 부국장은 다급한 나머지 게프겐에게 고문으로 고통받을 수 있다는 위협을 가하도록 지시했다. 수사관들은 상사의 명령에 따라 피의자 게프겐을 위협했다. 그제야 두려움을 느낀 게프겐은 범행 일체를 자백했다.

2003년 7월 게프겐은 살인과 유괴죄로 종신형을 선고 받는다. 인권 및 법률 단체들의 비판이 일었다. 2004년 독일 검찰은 다슈너 부국장을 불법 행위 강요와 권한 남용 등의 혐의로 기소해 벌금형을 선고했다. 또한 2011년 유럽인권법원 역시 다슈너의 행위를 인권 침해로 인정해 독일 정부가 게프겐에게 보상금을 지급하도록 판결했다.

독일에서도 논란이 되었던 이 사건은 우리에게 어떤 점을 시사할까? 바로 법과 도덕에 관한 딜레마다. 사건 당시 소년의 생사를 몰라 두려움에 떨던 부모, 그리고 유괴범의 침묵에 분노했던 독일 사회에 다슈너 부국장은 구원자였다. 비록 고문을 하겠다는 위협을 했지만 그 덕분에 살인을 자백 받고 아이의 시신이라도 찾을 수 있었다. 하지만 훗날 독일 사회에서는 누군가의 생명을 구하기 위해 공권력이 유괴 혐의자를 고문하거나 고문을 위협하는 것이 정당한가에 대한 논란이 벌어졌다. 이 논란은 10년 후에도 헤드라인을 장식할 정도로 뜨거웠다. 그만큼 상징적인 이슈였다.

대부분의 독일 언론, 인권 단체와 법원, 정치인과 경찰 노조 역시 다슈너의 행위가 옳지 않다고 판단했다. "다급한 상황에서 경찰이 할 수 있는 마지막 수단"이라는 지지 여론이 없었던 것은 아니지만 어떠한 학대와 고문, 고문에 대한 위협 모두 명백한 불법 행위였기 때문이다. 극한 상황이나 예외적인 경우는 얼마든지 자의적으로 해석될 여지가 있고, 안보나 생명을 보호한다는 명분으로 악용될 수도 있다.

딜레마적 상황에서는 어떤 선택도 좋은 결과를 기대하기 어렵다. 경찰이 법에 따라 수사하고 게프겐이 끝까지 입을 다물었다면 아이의 행방은 영원히 찾을 수 없었을 것이다. 법에 저촉되는 수사를 하고 보니 위와 같은 처벌을 받게 되었다. 하지만 선택을 했다면 책임을 져야 한다. 딜레마적 상황 역시 선택과 그 선택을 책임지는 자세가 얼마나 중요한지를 알려준다.

한국은 군사 독재를 겪으면서도 끊임없이 민주주의를 열망했다. 민주 사회를 실현하기 위해 싸운 많은 사람들이 고문과 학대를 받았다. 이 시절의 상처와 반성이 모든 피의자는 고문을 받지 않을 권리를 헌법에 명시하게 했고, 대통령 단임제라는 제도를 인정하게 했다. 미국에서도 공식적으로 고문은 불법이다. 다만 미국 밖의 관타나모 수용소 같은 곳에서는 고문이나 학대가 묵인되어 논란이 일고 있다. 나 역시 고문은 옳지 않다고 생각한다. 게프겐 사건과 같은 딜레마라도 마찬가지다.

코로나19 바이러스가 기승을 부리는 상황에서 한국 사람들의 개인 정보는 당연한 듯 노출되었다. 방문하는 곳마다 QR 코드를 찍거나 수기로 전화번호를 적어야 했다. 처음에 나는 신상에 대한 정보를 노출하는 것이 마음에 걸렸다. 내 개인 정보를 공개해서 코로나 바이러스의 확산을 막고 정부의 방역에 도움이 된다는 사실을 알고 있었지만, 생각해 볼 문제라고 여겼다.

코로나19 바이러스 위기에 대처하기 위해 당연시 여겼던 개인 정보 노출의 대가는 무엇일까? 나는 인권을 포기한 것이라고 생각한다. 코로나19 바이러스 상황을 제외하더라도 우리 사회는 너무 쉽게 개인 정보를 요구하고, 많은 사람들이 순순하게 자신의 정보를 넘긴다. 나는 음모론을 믿는 사람은 아니지만, 그렇게 모인 정보들은 충분히 악용될 수 있다고 생각한다. 개인 정보는 마음먹으면 특정 인물을 추적하는 데 이용될 수 있다. 범죄자를 쫓기 위한 수단으로 시작한다고 하더라도 나중에 어떤 부작용이 도미노처럼 벌어질지 알 수 없다.

코로나19 바이러스로 야기된 딜레마적 상황에서 한국 정부는 개인의 인권보다 국민들의 건강을 보호하는 쪽을 선택했다. 무엇이 옳은지 확신할 수는 없다. 하지만 이런 상황에서 우리는 최선을 다해 고민하고 선택해야 한다. 쉽지 않은 안건에서 당신은 어떤 결정을 내렸고 어떤 의견에 동의했는가? 그 모든 고민과 선택의 당사자는 바로 당신이다.

1955년 로자 파크스Rosa Parks. 1913~2005는 직장에서 업무를 마치고 버스를 탔다. 당시 그녀가 살던 미국의 몽고메리는 여전히 '흑백분리법'이 존재하는 도시였다. 백인은 버스 앞자리에, 흑인은 뒷자리에 앉아야 했다. 그나마도 앉을 자리가 꽉 차면 흑인은 백인에게 무조건 자리를 양보해야 했다. 로자 파크스는 당연히 버스 뒤쪽에 앉아 있었다. 퇴근길이라 승객이 점점 늘어났다. 버스 기사는 그녀에게 백인 승객에게 자리를 양보하라고 지시했다. 하지만 그녀는 일어서지 않았다. 당당하게 앉아 있는 것을 택했다. 결국 로자 파크스는 그 자리에서 시 조례 위반 혐의로 체포되었다.

하지만 이 사건은 단순한 경범죄로 끝나지 않았다. 흑인들은 그녀의 석방을 요구하며 들고일어났다. 미국 전역으로 들불처럼 번진 이러한 움직임은 흑인 인권운동의 시초가 되었다. 흑백분리법 역시 1년 뒤 폐지되었다.

이 사건은 법을 따르는 것만이 아니라 법을 어기는 것도 상황에 따라서는 옳은 일이 될 수 있다는 사실을 보여준다. 법이 항상 옳은 것도 아니다. 때론 무고한 사람이 아닌, 살인자를 보호하는 법을 지키는 것이 이치에 맞을 수도 있다. 또한 차별적인 법들, 이를테면 젠더 이슈 때문에 사랑하는 사람과 결혼하지 못하거나 전쟁·폭력에 반대해 병역을 거부하고 평화적인 복무 선택권을 주장하며 법에 대항하며 싸우는 행동이 옳은 일일 수도 있다.

현실에서 우리는 종종 어렵고 힘든 결정을 내려야 한다. 선택을 하면서 무력감을 느끼기도 한다. 하지만 우리가 스스로 결정하고, 선택할 수 있는 힘을 찾고, 이러한 딜레마들을 보다 깊이 숙고한다면 우리의 삶은 물론 사회도 바꿔 나갈 수 있을 것이다.

법과 규칙, 여론에 의지해서는 옳은 결정을 할 수 없다. 삶은 복잡하고 우리는 주어진 상황에서 진정 무엇을 해야 옳은지 살아가는 동안 고민해야 한다.

당신에게 달려 있다

한 구도자가 있었다. 그는 천국과 지옥이 어떻게 다른지 알고 싶었다. 어느 날 그에게 지옥의 환영이 보였다. 수많은 테이블 위에 진귀한 음식들이 가득 차려져 있었고 사람들은 저마다 기다란 숟가락을 들고 앉아 있었다. 지옥이 이리도 호화로운 곳인가? 당황한 구도자에게 이내 이상한 점이 눈에 띄었다. 사람들이 모두 일그러진 표정을 지으며 끙끙 앓고 고통스러워하고 있었던 것이다. 그들은 너무 긴 숟가락을 좀처럼 입으로 가져오지 못한 채 산해진미를 앞에 두고도 전혀 먹지 못하고 있었다. 지옥은 이처럼 배고픔에 시달리는 이들의 아우성과 신음 소리로 가득했다.

다음엔 구도자에게 천국의 환영이 보였다. 헌데 천국의 모습도 지옥과 다르지 않았다. 테이블 가득 온갖 호화로운 음식들이 차려져 있었고, 사람들 또한 지옥에서처럼 긴 숟가락을 들고 있었다. 천국과 지옥은 같은 곳인가? 구도자는 자세히 사람들을 살폈다. 과연 다른 점이 눈에 들어왔다. 천국의 사람들은 모두 웃으면서 맛있는 음식을 배불리 먹으며 행복한 표정을 짓고 있었다. 자기 입으로 숟가락을 가져오려고 끙끙대던 지옥의 사람들과는 달리 천국의 사람들은 긴 숟가락에 음식을 담아 맞은편 사람의 입에 주고 있던 것이다.

천국과 지옥의 숟가락에 관한 우화는 너무도 명확하게 삶의 진실을 짚어준다. 인생은 좋은 것도 나쁜 것도 정해지지 않았다는 사실, 천국과 지옥은 같은 곳이라는 점. 자신만 생각하는 사람, 세상의 어둡고 부정적인 것만 확인하고 그에 맞춰 행동하는 사람은 지옥을 살고 있는 것이다. 하지만 같은 곳 같은 자리에 있는 누군가는 천국을 누리고 있다. 인식을 바꾸고 깨달은 사람에겐 지옥도 천국이 된다.

한국의 수많은 젊은이들이 한국 사회를 부정적으로 바라본다. 삶이 너무 힘들어 연애와 결혼, 출산을 포기했다. 그렇게만 삶을 내려놓으면 그런대로 살 줄 알았는데 집을 마련할 꿈도 포기하고, 경력도 포기해야 하고, 더 나아가 인간관계, 취미, 희망까지 단념해야 한다고 토로한다. 최근에는 신체적 건강과 외모도 포기하기에 이르렀다며 한숨을 쉰다.

그들은 가질 수 없는 것들을 열거하며 '포기 세대'의 절망을 이야기하지만 내가 보기엔 좀 다르다. 나는 한국의 젊은이들이 안전한 나라에서 민주주의의 세례를 받는 행운을 누렸다고 생각한다. 그들은 전쟁의 공포나 정치적 박해의 두려움 없이 살고 있으며 최소한의 의식주 외에도 많은 것을 소유한 풍요 속에 살고 있다. 사실 한국의 기나긴 역사를 볼 때 이 나라와 국민들이 지금처럼 안전과 번영을 누린 적은 없었다.

물론 이 사회는 사람들의 행복을 위해 달라져야 할 여러 부조리와 문제를 안고 있다. 이에 관한 이야기는 이 책을 통해 전달했다. 나는 한국을 사랑하는 만큼 한국 사회에서 느낀 여러 문제들을 지적했다. 불편하게 느낀 사람들이 있을지 모르겠지만, 이는 내가 받은 고마움을 돌려주는 나만의 방식이다. 내가 애정을 품고 바라보는 이 사회가 많은 사람들에게 풍요와 혜택을 주면서도 살기 힘든 곳이라는 불명예를 안고 있다는 사실에 가슴이 아프다.

한국은 지구상에서 가장 안전한 나라 중 하나며 사람들 대부분이 착하고 친절하다. 지루할 틈 없는 역동성이 날마다 숨 쉬는 곳이기도 하다. 의료 시스템은 세계적으로도 훌륭하다. 한국보다 GDP가 높은 나라도 제법 있지만, 개발도상국들 중에는 한국을 롤 모델로 삼은 나라가 많다.

그런데 정작 이곳에 살고 있는 우리는 행복하지 않다. '지옥'처럼 여기는 이들도 있다. 깨끗한 물이 구하기 힘든가? 내전에 시달리며 언제 나와 가족이 죽을지 모를 공포에 떨고 있는가? 기본적인 의약품이 부족해 작은 질병에도 아이들이 죽는 모습을 지켜봐야 하는가? 내 머릿속 지옥의 이미지는 이러하다. 이런 환경에 살고 있는 사람들이 삶을 지옥이라고 한다면 전적으로 동의한다. 하지만 한국은 아니다. 마음속이 지옥이라면 모를까, 이 사회가 지옥이라는 말은 이해할 수 없다.

누군가 내게 "사는 게 너무 힘들어"라고 토로하면 나는 "좀 더 큰 그림을 그려봐. 네 삶은 그리 힘든 게 아닐 수 있어"라고 말해준다. 그 사람은 고개를 젓는다. 뜬구름 잡는 그런 말은 지금 자신에게 도움이 되지 않는다고 생각하는 것이다. 하지만 나는 그런 인식이 '장님 코끼리 만지기'와 다르지 않다고 생각한다. 지금 느끼는 불행만 의식하며 삶 전체가 힘들다고 한다면 그 사람은 결코 실제 인생을 알지 못한다. 그럼에도 한국의 높은 자살률, 특히 삶을 포기하는 젊은이들이 늘어나는 상황에서 나는 그들의 절망과 불행이 현실이라는 사실을 인정해야 한다. "당신의 삶은 전혀 불행하지 않습니다"는 말이 공허하게 들린다는 사실도 인정해야 한다.

하지만 지옥이라 여기는 이곳이 천국으로 바뀔 수 있는 가능성이 있다는 이야기는 하고 싶다. 불평등과 불공정이 해결되지 않는 한 나의 '천국'은 오지 않는다고 믿는 이들에게 그런 완벽한 사회는 과거에도 없었고, 미래에도 오지 않을 거라 이야기하고 싶다. 믿음과 열망에 재를 뿌리는 것이 아니라 현실이 그렇다. 지금 미얀마에서, 아프가니스탄에서, 우크라이나에서 절망하고 있는 이들 역시 우리와 비교하면 평등하게 태어나지 않았다.

지난날 나는 심각한 우울증과 공황을 겪었다. 누군가가 내 머리에 총을 겨눈 채 쏘겠다고 위협하는 듯한 공포가 수시로 찾아와 나를 괴롭혔다. 일을 그만두고 독일로 돌아가 쉬기도 하고, 약을 먹고 어떻게든 그 감정에서 벗어나기 위해 노력했다. 선불교의 가르침과 명상은 그 암흑 같은 터널을 빠져나오는 데 큰 도움이 되었다. 하지만 회복하기까지 꽤 오랜 시간이 걸렸다. 다행히 위기를 넘기고 일상을 살아가고 있지만, 지금도 가끔씩 그런 불안이 찾아오곤 한다.

이러한 어둠과 고통 속에서 배울 것들이 참 많았다. 나는 나의 약점과 한계에 대해 깨달았고 인생을 바라보는 관점도 달라졌다. 몸과 마음의 휴식이 얼마나 중요한지, 일을 하는 동안 느끼는 즐거움이 돈보다 중요하다는 사실도 새삼 알게 되었다. 이 책은 나의 경험과 인생에서 출발했다. 우울함도, 불행도 모두 인생의 일부다. 누구든 항상 행복하지 않다. 인생이란 하늘에는 밝은 해만 뜨는 것이 아니라 가끔은 먹구름이 밀려들고 비도 내린다는 사실을 인정하고 받아들여야 한다. 먹구름이 드리워진 시간으로부터 배우고 성장해야 한다. 어둠을 포용하고 껴안을 때 생기는 힘, 우리는 그 힘으로 이후의 시간을 살아내는 것이다.

칼릴 지브란은 《예언자》 중 〈법에 대하여〉라는 글에서 이런 말을 썼다.

내가 그들에 대해 어떤 말을 할 수 있을까?
다만 그들도 햇빛 아래 서 있지만 태양을 등지고 있는 사람들이라는 것뿐
그들은 오직 자신의 그림자만 보고
그 그림자를 자신의 법으로 삼고 있는 사람들인 것을.
그렇다면 그들에게 태양이란 그림자를 던져주는 것 외에 무엇인가?

이 글에서 태양은 마주 보는 자에게 따뜻한 빛을 주지만 등진 자에게는 그늘만 드리우는 존재다. 앞서 천국과 지옥 이야기에

서 나온 기다란 숟가락과 같은 상징이다. 개인뿐 아니라 국가, 장소, 현상 등 모든 것에 적용될 수 있는 이야기다.

선불교의 고전적인 문답을 인용하자면 "선과 악은 어디에서 오는가?"라는 질문에 대한 답은 "당신의 입"이다. 이것은 굉장히 긍정적인 대답이다. 우리가 마음만 먹으면 악을 선으로 바꿀 수 있다는 이야기이니까. 우리는 긴 숟가락을 들고 다른 사람의 입에 음식을 넣어줄 수 있다. 어두운 그늘을 벗어나 밝은 햇살을 느끼고 싶다면 뒤로 돌아서기만 하면 된다. 하지만 앞서 말했듯 말은 쉽고 행동은 어렵다.

혹시 이 책을 읽고 결국 모든 원인은 '나'라는 개인에게 있고, 나 이외의 것들, 이를 테면 사회를 변화시키려는 행동은 소용없다고 받아들이는 독자가 있을지 모르겠다. 독립을 위해, 민주주의를 위해 투쟁한 사람들이 그랬듯이 정말로 바꿔야 할 사회적 의제가 있다면 우리는 목소리를 내고 행동해야 한다. 하지만 분별력 있게 살펴야 할 대목이 있다. 우리의 주장이 과연 모두의 행복을 위한 것인지, 다시 말해 더 나은 사회로 나가기 위한 것인지 짚어봐야 한다. "모든 외국인들을 우리나라에서 추방하자!"라고 외치는 사람이 있다면 그의 요구는 과연 정당한가? 또한 이뤄질 수 있는 것일까? 나의 행동이 문제를 해결하려는 것인지, 아니면 문제를 일으키는 것인지 먼저 성찰해 봐야 한다.

이 책에서 나는 행복하기 위해 개인이 갖춰야 할 마음가짐에 비중을 두고 이야기했다. 공무원 채용 제도와 순환 보직 제도에 대한 이야기 역시 법을 제정하는 것은 국가에서 하는 일이지만, 시스템을 담당하는 사람을 신뢰하느냐 하지 않느냐의 문제는 우리가 실천할지 말지 결정할 수 있는 영역이고, 거기서부터 시작해 보자는 것이다.

우리가 살고 있는 곳을 지옥처럼 느낀다면 그 지옥은 우리가 우리를 위해 만들어 낸 현실이다. 누구나 자신이 받은 교육, 살고 있는 집, 지금 하고 있는 업무에 영향을 받으며 이를 토대로 자신이 행복한지 불행한지를 느낀다. 내가 세계의 여러 여행지에서 만난 수많은 사람들 중 가장 행복해 보였던 이들은 가난한 나라, 민주주의를 또는 우리가 한국에서 누리는 자유를 경험해 보지 못한 나라의 사람들이었다. 그들은 자신의 세상에서 한국에서와 같은 풍요나 민주주의는 꿈도 꾸지 못했을 것이다. 그럼에도 여행자인 나에게 먼저 손을 내밀었고 친절한 웃음을 보여주었다.

일자리가 없다, 흙수저로 태어나 의욕이 없다고 말하는 이들은 불행의 원인을 불공정한 사회 제도와 자신들을 배려하지 않는 정치인들 탓이라고 지목한다. 정치인들에게 일정한 책임이 있는 것은 맞다. 국민의 행복을 위해 노력해야 하는 것이 그들의 역할이다. 하지만 모든 원인을 그들의 탓으로 돌릴 수는 없다. 자신을 불행하게 여기는 우리의 마음 또한 불행하게 살아가는 원인 중 하나다.

나의 스승인 혜원 스님은 예전에 재미있는 이야기를 하나 들려주셨다. 인간들이 막 걷기 시작했을 때의 이야기다. 인간은 자신들이 걸어야 할 대지가 날카로운 가시와 돌로 덮여 있다는 사실을 알게 되었다. 그들은 걷는 것이 너무 불편하고 힘들었다. 이를 해결하는 방법은 두 가지가 있었다. 하나는 신발을 만들어 신는 것이고, 다른 하나는 세상의 모든 땅을 부드러운 가죽으로 뒤덮는 것이었다. 신발을 신는 것은 발에 신발을 착용해야 하는 변화가 필요한 일이었지만, 두 번째 방법은 아무런 변화 없이 원래대로 걸어다니면 되었다. 스승님은 웃으면서 이야기를 끝마쳤다.

"이 세상 꽤 많은 사람들은 여전히 이 세계가 가죽으로 뒤덮이기만을 기다리고 있습니다."

스스로 변화하려 하지 않고 세상이 달라지기를 바란다면 돌아오는 건 실망과 체념밖에 없다. 세상은 그렇게 쉽게 뜻대로 돌아가지 않는다. 가시밭과 자갈밭이 가득한 울퉁불퉁한 세상을 마음껏 돌아다니기 위해서는 자신의 발에 딱 맞는 신발을 만들어야 한다. 시선을 달리하면 볼 수 있다. 우리 인생을 어떻게 바꿀 수 있는지, 무엇에서 만족하며 행복할 수 있는지. 한국은 지옥도 천국도 아니지만, 둘 다 될 수도 있다. 무엇이 될지는 우리에게 달려 있다.

한국인들의 이상한 행복

초판 1쇄 발행 2022년 4월 12일
초판 7쇄 발행 2023년 9월 15일

지은이 | 안톤 숄츠
발행인 | 강봉자, 김은경

펴낸곳 | (주)문학수첩
주소 | 경기도 파주시 회동길 503-1(문발동 633-4) 출판문화단지
전화 | 031-955-9088(마케팅부), 9530(편집부)
팩스 | 031-955-9066
등록 | 1991년 11월 27일 제16-482호

홈페이지 | www.moonhak.co.kr
블로그 | blog.naver.com/moonhak91
이메일 | moonhak@moonhak.co.kr

ISBN 978-89-8392-899-3 03300

＊파본은 구매처에서 바꾸어 드립니다.